340 acciones de marketing digital

Mejora la visibilidad de tu empresa y consigue más ventas

FRANCISCO RUBIO

340 ACCIONES DE MARKETING DIGITAL

Mejora la visibilidad de tu empresa y consigue más ventas

Primera edición: septiembre 2023

© Francisco Rubio, 2023
Email: contacto@franciscorubio.es
Web: www.franciscorubio.es

ISBN: 978-84-09-53671-9
Depósito Legal: CO 1513-2023

«No quiero creer, quiero saber».

Carl Sagan

Índice

Prólogo

Cuando Fran me propuso escribir el prólogo de su primer libro, no solo me hizo una gran ilusión, sino que no lo dudé ni un segundo. Conozco a Fran desde hace unos 15 años y colaboro con él desde hace más de 12, y por eso puedo confirmar de primera mano su gran profesionalidad y su gran experiencia, que ha plasmado en este libro desde el mejor punto de vista del que se puede hablar de marketing: la acción.

Vivimos épocas convulsas que cada vez nos hacen ir más rápido, tenemos menos tiempo para pensar y necesitamos actuar más. Es por ello que conocer centenares de acciones de marketing digital que, desde el mismo momento en que las leas, puedas aplicar a tu proyecto o negocio, tiene un valor incalculable, y ese valor es el que tienes ahora mismo delante de ti.

Pero antes de entrar en ello quiero que te preguntes: ¿qué es para ti el marketing? Si hacemos esta pregunta a un gran número de personas, nos encontraremos con respuestas muy diferentes, pero probablemente muchas incorporen en su respuesta las palabras «redes sociales», «publicidad» o «generar contenidos». Por ello me gustaría empezar definiendo qué es para mí el marketing, ya que entendiendo esta definición podrás concretar esa estrategia que realmente necesitas y que aportará al negocio los resultados reales que estás buscando.

Defino el marketing como el proceso de identificación y deseos de nuestro buyer persona, que nos llevará a la formulación de unos objetivos en el negocio, para lo que construiremos estrategias que nos ayuden a implantar relaciones con esos potenciales clientes y a crear una retención del valor en el consumidor para alcanzar beneficios en la empresa.

A día de hoy puedo afirmar que las dos partes más importantes en cualquier negocio son las finanzas y el marketing, entendiendo el marketing bajo la definición que te comentaba anteriormente. Las finanzas son importantes porque hacer marketing en la actualidad requiere de ciertos recursos económicos; y si no somos conscientes de esos recursos, es muy probable que por muy buenas intenciones que tengamos nuestra estrategia de marketing no ofrezca los resultados que esperamos.

Es importante ser conscientes de que el marketing digital no solo genera más ventas, aunque las empresas aún ponen demasiado énfasis en usar el marketing para lograr conversiones instantáneas; de hecho, muchos han confirmado que en los últimos años, durante las recesiones y en tiempos de crisis, reducir presupuestos en la parte de marketing es un grave error, porque al final el marketing mantiene la rueda de tu negocio en movimiento.

En este sentido, la pregunta es: ¿cómo medir el éxito del marketing? Esta pregunta es realmente difícil de responder, porque no todos los efectos del marketing son inmediatos. Una buena estrategia de marketing no debe considerar solo el corto plazo, sino también enfocarse en el futuro. En el mediano plazo, la creación de marca, el desarrollo de autoridad, la generación de testimonios positivos, etc. ayudarán a que tu negocio continúe creciendo y se mantenga en el tiempo.

Siempre sugiero que la estrategia de marketing debe trabajarse en paralelo a corto, mediano y largo plazo; o cuando son grandes empresas, tienen que tener dos divisiones: una para marketing táctico y otra para marketing más estratégico pensando en los próximos cinco años.

Tenemos que definir qué acciones de marketing puedo hacer a medio plazo y qué acciones de marketing puedo hacer a largo plazo, a las cuales no les voy a buscar un retorno ahora. Incluso, es más, hay una parte del marketing a la que nunca le debes buscar retorno, y es que cuando destinas parte de tu presupuesto a generación de marca, a acciones más intangibles, no vas a encontrar un retorno en las ventas; y sí que lo tiene, por supuesto, pero no lo podemos medir. ¿Cuál es ese porcentaje sobre el total que debemos invertir aquí? Pues depende de la fase en la que te encuentres; hay empresas a las que recomiendo el 10%, hay empresas a las que el 40%, pero siempre debe haber una parte destinada a la generación de marca en el largo plazo. En esto es en lo que muchas empresas no creen. Al final miran solo a corto plazo porque lo que necesitan es justificar los resultados, pero esto es un error, insisto: no debemos ver el marketing como algo que va a dar resultados hoy, sino como algo que tiene que dar resultados hoy, por supuesto, pero también en los próximos meses y en los próximos años.

Dicho esto, el éxito del marketing se vincula de forma excesiva todavía con lo que los directivos quieren, es decir, con su cuenta de resultados. De hecho, podemos decir que el marketing es esclavo de la venta muchas veces; generalmente, si no se ven resultados de incrementos en ventas, se piensa que el marketing está mal hecho. Eso me atrevería a decir que sucede en el 99% de las ocasiones, pues lo he visto en muchos negocios.

Es muy importante contar con un plan de marketing que identifique las acciones a seguir y qué indicadores vas a medir para no mezclarlos, porque a veces hay acciones de marketing a las que se les asigna indicadores de venta, aunque ese no sea el indicador correcto. Obviamente no se van a dar ventas;

entonces, a veces resulta que no estamos haciendo mal el marketing, sino que está mal hecha la acción en concreto de la medición. Por eso esto es tan importante y no me cansaré de repetirlo: todos los que sois emprendedores o empresarios, formaos en marketing digital, aprended de marketing digital y ventas, que van totalmente unidos, cogidos de la mano.

Aprender marketing digital no significa que te conviertas en un experto ni que vayas a hacer tú las acciones, sino que entiendas y aprendas cómo poder vincular todo lo que te estoy contando; porque eso va a redundar en beneficios para tu negocio, beneficios para tu proyecto, porque vas a ver las cosas mucho más claras y vas a poder diseñar estrategias mucho más efectivas con la ayuda de tu equipo.

El éxito en los ingresos y el crecimiento de las ventas son los principales beneficios que se buscan en el marketing. E insisto con esto, tenemos que aprender a medir el marketing en dos variables: las variables cuantitativas y las variables cualitativas.

Tenemos que integrar perfectamente marketing y ventas, porque, por ejemplo, esto que te voy a contar pasa muchísimo en distintas industrias, donde hay un serio problema en la vinculación entre marketing y ventas. Con el marketing, lo que hacen muchas marcas es que intentan conseguir potenciales clientes interesados en comprar o probar su producto o servicio, es decir, conseguir el contacto; pero luego, en la parte de ventas, hay una desintegración, esto es, hay muchos de los contactos que quedan sin atender o que se tarda muchísimo tiempo en atender.

En algunos casos el cliente no recibe respuesta. En otros casos, hablamos de cuatro o cinco días para recibir la respuesta, y al final un consumidor que probablemente solicitó información a varias marcas distintas, posiblemente ya lo ha visto con otro y ahí se ha podido perder la venta.

Hay una estadística que dice que a partir de los 10 minutos desde que un usuario ha solicitado información y no se le ha respondido, empiezan a descender drásticamente las probabilidades de conversión, por lo que recuerda esta frase: la velocidad es un factor de éxito en los negocios.

Hoy ya no solo vale con ser buenos, tener un buen producto, un buen servicio, sino que hay que ser rápidos, muy rápidos. Esto tiene que estar incluido en el servicio de atención al cliente.

Muchas veces los elementos más intangibles que aporta el marketing no se tienen en cuenta, pero son cruciales en el desarrollo de la marca, y voy a poner otro ejemplo para que lo veas: hablo del valor de la marca. Y no quiero que pienses que esto es solo para una gran empresa, esto es aplicable a pequeñas empresas, lo que pasa es que ponemos ejemplos de grandes empresas porque son las que todos conocemos. ¿Alguna vez has pagado 4,50 € por un café en Starbucks? Más de una vez, probablemente. Y ¿cuánto vale un café en un bar normal? 1,20 € quizá, y tal vez sea mejor café, pero ¿qué es lo que hace esa diferencia de precio? Sencillamente, la marca.

En todo su amplio concepto la marca envuelve una experiencia y muchas más cosas, pero ese es el valor intangible de la marca y eso es lo que hace el marketing, lo que permite a Starbucks cobrar 4 veces más por, aproximadamente, un mismo producto hablando en esencia.

Actualmente, la confianza en los marketeros está creciendo por parte de las marcas y esto es genial, porque la dirección de las empresas empieza a ver el potencial y la necesidad de profesionales del marketing, de disponer de departamentos de marketing para el crecimiento de los negocios.

Lo que está claro es que el marketing digital se ha vuelto una parte imprescindible de los negocios. Por lo tanto, cuando pienses en términos de marketing, no lo veas solo en términos de ventas; incorpora el valor cualitativo que aporta tu marca para que esta siga vendiendo en el futuro a nuevos clientes, enamorando a tus actuales clientes y creciendo de una manera rentable y sostenible.

Y recuerda la definición que hacía al principio del marketing: se trata de un proceso que tiene el objetivo de crear una retención del valor en el consumidor para alcanzar beneficios en la empresa.

Juan Merodio

Conferenciante & Consultor de Marketing Digital.

Divulgador de la Nueva Economía (Web3, Blockchain, NFTs…)

Introducción

Si me hubieran contado hace unos años que hoy estaría escribiendo mi primer libro, no me lo habría creído. Si me conoces personalmente desde hace tiempo, sabrás de lo que te hablo.

Llevo dedicado al marketing digital desde 2009. Justo en medio de la crisis inmobiliaria y tras cerrar mi anterior empresa, precisamente a causa de esta crisis.

A mí siempre me gustó el mundo de las páginas web, y más tarde descubrí el marketing digital, pero nunca pensé que yo pudiese tener mi propia empresa. En esos años aspiraba a tener un sueldo, mi casa, mi coche, mi familia y, sobre todo, a tener tranquilidad y seguridad, que es lo que yo más valoro profesionalmente.

¿Qué ocurre? Que descubrí que nada es seguro si dependes de otros. Si trabajas por cuenta ajena, nunca vas a tener la seguridad de un trabajo para siempre. La única manera de encontrar una seguridad profesional es crearte tu propio trabajo.

Y eso decidí en ese momento, comenzar a sembrar la semilla de lo que hoy es una gran empresa: ExpacioWeb Digital Marketing (www.expacioweb.com), además de otras empresas que forman parte del mismo grupo, como Pull Comunicación Efectiva (www.pullcomunicacion.es) y Marta Yoga (www.martayoga.es). También me lancé a tener mi propio blog, donde, además de hablar sobre todos los temas que me gustan, presto servicios de mentorización para crear negocios basados en infoproductos (www.franciscorubio.es).

Seguramente, a día de hoy, ahora, cuando estés leyendo este libro, ya habrán surgido más proyectos, más ideas, más negocios. Por eso no quiero dejar pasar la oportunidad de hablarte, en unas breves líneas, de mi gran proyecto, un proyecto que engloba muchas de mis inquietudes como empresario.

Pero antes me gustaría contarte quién soy profesionalmente, porque, incluso aunque nos conozcamos personalmente, seguro que hay aspectos de mi vida profesional que nunca he compartido contigo, y este libro es un buen lugar para hacerlo.

Mi historia

Si eres empresario o emprendedor, esto que te voy a contar a continuación te va a sonar; si no lo eres, puede que te aporte algún dato curioso sobre cómo fue mi trayectoria profesional. Déjame que te cuente una historia. Bueno, más bien mi historia.

Nos remontamos hasta el año 2008. Seguro que te suena ese año por la crisis financiera. Fue una crisis financiera a nivel global, que se desató debido al colapso de la burbuja inmobiliaria en los Estados Unidos en el año 2006 y que provocó, aproximadamente en octubre de 2007, la llamada crisis de las hipotecas. Esta crisis afectó a muchas empresas en España, y entre ellas a la mía, en la que yo estaba trabajando.

Trabajé durante unos 10 años en una empresa de informática, reparando ordenadores, realizando su mantenimiento...; en definitiva, solucionando problemas informáticos.

Hasta que llegó 2008.

En ese año, mi jefe de entonces me dijo que no seguía con la empresa, y que si me quería quedar yo con todo y continuar con ella. Yo siempre he sido muy emprendedor, aunque en ese momento aún no lo sabía. Por lo general he trabajado en todo lo que me ha ido saliendo y he aprovechado todo lo que he podido para ganarme la vida. Así que ¿te imaginas qué le dije? Pues que sí, por supuesto.

Me di de alta como autónomo, me hice cargo de 2 trabajadores y monté la oficina en mi casa. Justo entonces fue cuando comenzó mi andadura empresarial, allá por 2008.

Esos fueron mis inicios como empresario. A partir de ahí hubo muchos cambios, en pocos años dejé la informática y me orienté hacia los servicios web y el marketing digital. Hoy día puedo decir que he crecido mucho, a nivel empresarial y a nivel personal, sobre todo. Ya no soy el mismo empresario de 2008, he aprendido mucho, tengo mucha más experiencia, más conocimiento y más facilidad para conectar con las personas y vender. En 2008 estaba totalmente perdido.

¿Pero por qué te cuento todo esto?

Pues te lo cuento porque a lo largo de la trayectoria profesional de una persona se pasa por diferentes estados. Depende mucho de la persona, pero más o menos el recorrido es el mismo.

Empiezas sin saber nada o muy poco, con poca experiencia, y el trabajo y el día a día te van dando todo aquello que necesitas para ir madurando a nivel profesional. Para ir mejorando tu empresa, consiguiendo mejores clientes, teniendo mejores empleados... En definitiva, ganando experiencia a base de solucionar problemas.

En este momento tengo 4 empresas que funcionan (y a punto de montar la número 5), con 15 empleados y con clientes en toda España y en algunos países de Latinoamérica.

Pero esto no ha sido fácil. Ha habido mucho trabajo, mucho esfuerzo, mucho compromiso... Creo que más o menos he hecho las cosas bien, pero sí hay algo de lo que me arrepiento en todos estos años.

Me arrepiento de no haber pedido ayuda, de no haber buscado a alguien que me ayudara o que me prestara algún tipo de apoyo a nivel empresarial. A veces pienso: «Si hubiese tenido este apoyo, ¿qué habría pasado?». Pues te lo digo ya: habría evolucionado mucho más rápido. Al final, la mayoría de los problemas y de los obstáculos que tenemos los empresarios ya están resueltos. Lo importante es saber quién ha resuelto ese mismo problema que tenemos en ese momento y que pueda ayudarnos a resolverlo.

Esto solo lo da la experiencia, solo los empresarios y empresarias más experimentados y con mejor formación pueden hacerlo. Yo ni me considero experimentado ni considero que tenga la mejor formación, pero, aun así, he podido ayudar a muchos negocios, tanto con los servicios que vendo a través de mis empresas como a nivel personal, en cuanto a la toma de una decisión en sus negocios.

Todo esto me dio que pensar hace un año y pico. Pensé que no estaba aprovechando la experiencia de otras personas para mejorar mi propia experiencia, y empecé a interesarme por los grupos de networking.

¿Pero qué es un grupo de networking?

Se trata de un lugar físico, donde se reúnen empresarios/as con negocios diferentes y se crean relaciones basadas en la confianza. Se aumenta la red de contactos y se hace negocio a base de intercambiar referencias de clientes. Es decir, si tengo un amigo que necesita pintar su casa y en el grupo de negocios donde estoy hay un pintor, que durante muchos meses me ha demostrado que es un buen profesional, directamente yo le recomiendo ese pintor a mi amigo. Es así de sencillo, se basa en la confianza.

A partir de entonces me inscribí en varios grupos de networking, grupos como BNI, Excellence Business Club y otros más, que funcionan muy muy bien.

Yo siempre he sido una persona muy introvertida. De hecho, como he mencionado antes, para mí era impensable hace unos años estar hoy aquí escribiendo este libro. Siempre me he sentido más cómodo detrás del ordenador, en mi despacho, planificando, gestionando y trabajando. Nunca, o muy pocas veces, he salido de ahí, más que nada por mi forma de ser, porque en el fondo soy muy tímido.

Pero también soy muy cabezón, muy testarudo y muy obsesivo con el hecho de conseguir mis objetivos. Si seguía así nada cambiaría, y soy el tipo de persona que, si algo le da miedo, tiene que hacer todo lo posible por superarlo.

Por eso me planteé hace un par de años, en 2021, comenzar a relacionarme más asiduamente con otros empresarios a través de grupos de networking, tener más visibilidad a través de redes sociales e, incluso, desde enero de 2022 hago un programa semanal en Onda Cero donde hablo de marketing digital y todo lo relacionado con el mundo de la empresa. Lo puedes encontrar en www.franciscorubio.es.

Y estar hoy aquí me ha costado mucho, más de lo que te imaginas. La comunicación no es algo que se me dé demasiado bien. No es mi fuerte. Así que, y luego te contaré más, es una de las razones por las que me he decidido a escribir este libro. Para ayudarte a ti que lo estás leyendo y para aportar mi granito de arena en que te vaya mejor en tu negocio, pero también para crecer empresarialmente. Y, sobre todo, para crecer como persona, superarme y hacerme más fuerte a nivel personal.

El caso es que, durante estos dos años en los que he estado inmerso en grupos de networking, me he dado cuenta de que relacionarme con todas estas personas que tienen empresas como la mía, o similares, me ha servido para aprender que al final todos tenemos casi los mismos problemas.

Hay diferencias dependiendo del tipo de negocio, pero al final todos tenemos problemas con empleados, con las administraciones, con la formación, con las herramientas que utilizamos en nuestro día a día... En definitiva, en mi opinión, el 80% de los problemas y de los obstáculos empresariales son los mismos para todas las empresas pequeñas y medianas. No estoy hablando de grandes empresas.

Es por ello —y por eso te he contado todo este rollo sobre mí y sobre mi historia— que he pensado en cómo puedo ayudar a muchas personas con empresas a tener lo que yo no tuve cuando comencé mi andadura empresarial. Me refiero a ese apoyo que a mí me faltó y que me hizo crecer más lento de lo que debería haberlo hecho.

Esto lo he aprendido con el tiempo, pero sé que hay muchas personas que están ahora en la misma situación en la que yo estaba en 2008, y que están muy perdidas. Lo sé porque lo veo cada día.

A mi empresa llegan clientes muy perdidos, sin una idea clara de negocio, con ideas que yo sé que no van a funcionar. Obviamente soy muy honesto con mis clientes y les doy mi opinión; muchas veces incluso he tenido que quitarle a algún cliente una idea de la cabeza, pero nunca le he vendido ni le venderé algo que yo crea que no le va a funcionar.

El caso es que he estado buscando fuera de estos grupos de networking algún sistema que pudiese ayudar a todas estas personas, y a mí incluido, a ir más rápido con sus empresas: a ganar experiencia más rápido, a formarse, a crear relaciones de confianza con otros empresarios, a resolver los problemas de nuestro día a día. Y después de pasar algunos meses buscando, me di cuenta de que sí, hay muchos sistemas presenciales de networking y de todo este tipo de apoyo empresarial, pero no hay nada interesante de forma online; al menos yo no he encontrado algo que me haya gustado.

Y todo esto que te he contado es para que sepas cuál es el objetivo y el fin de todo lo que te voy a contar a partir de ahora.

Creo que de verdad puedo ayudar a muchas empresas, o bien con mi experiencia, o bien haciendo que aprendan de otras empresas. Y por supuesto con la escritura de este libro, que forma parte de este proyecto mucho mayor que te estoy contando y que voy a explicarte en las siguientes líneas.

Quiero ser ese punto de unión, facilitar todas estas relaciones profesionales y, de alguna manera, aportar mi granito de arena para que las personas como tú, que están leyendo este libro, que tienen empresas en mayor o menor grado de madurez, puedan adquirir herramientas para crecer más rápido profesionalmente, y también personalmente, porque al final creo que las dos cosas van de la mano.

En septiembre de 2022 comencé un nuevo proyecto: un podcast semanal en el que, a través de entrevistas a profesionales, intento hacer una labor de divulgación sobre temas empresariales que, tanto si tienes una empresa como si no, debes conocer.

Este podcast semanal es uno de los canales a través del cual creo que puedo aportar mucho conocimiento y mucha experiencia. Conocimiento y experiencia míos, pero también de otros empresarios que están conmigo semana tras semana y que nos hablan de su propia experiencia, de cómo han resuelto problemas y de cómo hacen las cosas en sus empresas.

Yo mismo estoy aprendiendo muchísimo ya, simplemente conversando con todas estas personas. Ni te imaginas lo enriquecedor que es. Y todo esto lo quiero compartir contigo; contigo que tienes una empresa o que quieres emprender y que estás algo perdido, como yo cuando comencé.

O a lo mejor no estás perdido y estás en un punto más avanzado que yo, seguro que hay muchos casos. Pero algo que tengo claro es que también te queda mucho que aprender y que puedes hacerlo a través de todas estas personas, con empresas, que van pasando por este podcast cada semana.

Sé que es un proyecto ambicioso, sobre todo porque he decidido que el programa sea semanal. Pero igualmente sé que el 90% del éxito es la persistencia, y yo, como te dije antes, soy muy persistente en lo que me propongo. Y asimismo quiero decirte que este podcast y también este libro son solo el principio.

El Club de Alto Rendimiento Empresarial

Permíteme unos minutos de tu tiempo para que te cuente por qué este libro forma parte de un proyecto mayor. Además, no va a ser mi único libro, de esto estoy seguro, ya tengo en mente mi próxima idea. Pero no adelantemos acontecimientos.

Como te he comentado antes, no hay ninguna plataforma online de networking para empresarios que me haya convencido. Que seguro que las hay, pero a mí no me ha parecido completa ninguna de las que he estado investigando. Así que me he decidido a crear una totalmente nueva. Un Club de empresarios y empresarias, pero también de emprendedores y directivos de empresas, donde tengan ese espacio online para relacionarse, aprender, interactuar, compartir experiencias y muchas cosas más, a cualquier hora y desde cualquier sitio.

Sé que las relaciones que se crean de una manera presencial no son iguales que las que se pueden crear de forma online. Pero esto último también tiene sus ventajas: puedes hacerlo cuando quieras, donde quieras y utilizando tu tiempo de la forma más efectiva posible. Y todos sabemos que, para los que tenemos empresas, el tiempo es una de las cosas más valiosas que poseemos.

El objetivo del Club es que empresarios, emprendedores y directivos mejoren los resultados de sus empresas.

Ser empresario es una ciencia que no se estudia como tal, tenemos que ir abriéndonos camino según nuestra experiencia y nuestra manera de resolver los problemas que se nos van presentando en nuestro día a día. Estoy seguro de que si yo hubiese pertenecido a un Club como CARE, todo habría ido más rápido, ya que habría tenido acceso a conocimientos que un empresario, emprendedor o directivo debe tener para realizar mucho mejor su trabajo y para avanzar mucho más rápido, apoyándose en otras personas que ya han resuelto la mayoría de los problemas con los que nos podemos encontrar, forjando buenas relaciones (que es la mejor estrategia que se puede llevar a cabo), aprendiendo, etc.

Precisamente el objetivo del Club CARE es este, que un empresario, emprendedor o directivo encuentre en el Club un lugar donde avanzar mucho más rápido y donde conseguir mejorar los objetivos de su empresa.

Para ello el Club CARE se basa en 4 pilares fundamentales:

1.- Aprendizaje: a través de clases magistrales semanales, de cursos online, de eventos formativos etc.

2.- Networking: está claro que el secreto del crecimiento de las empresas son las relaciones humanas. Por eso, igual que otros clubes, CARE tiene un fuerte carácter relacional entre sus miembros. Para ello existe una plataforma tipo LinkedIn, donde relacionarnos virtualmente, conectar, generar contenidos. Además, dispondremos de una ficha por cada miembro, mensajes privados, foros y más ventajas a través de las cuales relacionarnos virtualmente con empresarios de toda España.

3.- Visibilidad: otro de los pilares fundamentales, ya que es necesario que nuestras empresas se hagan visibles. Para ello facilitaremos dentro del Club diferentes modelos de trabajo, entre los que destacan: clases magistrales voluntarias que se enviarán a otros miembros, visibilidad en redes sociales, presentaciones en los eventos online y presenciales, ficha dentro de la plataforma y otras acciones que pondremos en marcha próximamente.

4.- Experiencia: está claro que hay empresarios que están en un punto de experiencia diferente a otros, pero estos otros también pueden ofrecer un nuevo punto de vista ante situaciones que otros empresarios no sepan resolver. El Club CARE será un punto de encuentro donde compartiremos estas experiencias empresariales, o bien presencialmente, o bien online.

En este libro no te voy a contar nada más sobre el Club de Alto Rendimiento Empresarial. Si quieres saber más, puedes entrar en www.clubdealtorendimientoempresarial.com, ampliar información y ver si resuena en ti todo lo que te cuento.

Pero sí quería remarcar, y para mí es importante que entiendas, que este libro forma parte de un proyecto más ambicioso, más grande y con una misión superior, que es la de ayudar a personas como tú —empresarios, directivos o interesados en el mundo de las empresas— a mejorar sus conocimientos, sus relaciones, su visibilidad y, en definitiva, sus competencias; ayudarlos a desarrollarse profesionalmente, a través de lo que humildemente yo pueda aportarles.

¿Para quién es este libro?

¡Estoy seguro de que es para ti!

Este libro es para personas que de una u otra manera están relacionadas con el mundo de las empresas. Puede ser que estés pensando en emprender, que ya seas emprendedor, que tengas un negocio desde hace años o que simplemente quieras aprender cómo mejorar la visibilidad en internet de tu empresa o de tu marca.

Si uno de estos casos es el tuyo, este libro es para ti.

Como te comentaba antes, forma parte de un proyecto mayor que tiene como objetivo ayudar a todas aquellas personas que, como yo cuando comencé, están un poco perdidas en estos temas o que quieren encontrar nuevas ideas para aplicar directamente en sus empresas.

¿Qué vas a encontrar en este libro?

He querido hacer un libro fácil de entender y que va muy al grano, que te ayude a ti —como marca personal— y a tu empresa a tener más visibilidad en internet, más visitas y, por tanto, más oportunidades de venta. Todo esto a través de una serie de acciones tácticas que para mí son clave y que puedes aplicar tú mismo, directamente, sin tener que recurrir a una agencia de marketing digital o a un profesional del marketing.

Sin embargo, si por algún motivo me conoces, ya sabes que yo soy CEO de una agencia de marketing digital. Entonces ¿por qué estoy dando todo este contenido de valor si precisamente es a lo que se dedica mi agencia ExpacioWeb Digital Marketing?

En realidad, todo este conocimiento que vas a descubrir en este libro, todas estas acciones de marketing digital no son ningún secreto. Puedes encontrar toda esta información en internet, por lo que no te estoy descubriendo nada nuevo. Lo que he querido hacer en este libro es, en mi opinión y experiencia, recopilar las que mejor funcionan para cada canal online y que día a día realizamos en mi agencia para nuestros clientes.

Está claro que si tu negocio o tu marca necesitan algo más avanzado, sí que necesitarás acudir a una agencia o a un profesional del marketing digital. Sin embargo, te puedo asegurar que —sin entrar en la parte de la estrategia— el 90% de las acciones tácticas las puedes realizar tú mismo, con lo que estoy seguro de que si sigues mis recomendaciones y consejos a través de la lectura de este libro, podrás ahorrarte un gran presupuesto en marketing digital.

También he de advertirte que este libro no profundiza en las acciones de marketing que vas a ir descubriendo, sino que pasa muy por encima para que tengas una idea genérica de las mismas. Tampoco es un libro muy técnico, no esperes encontrar aquí técnicas avanzadas en marketing digital, puesto que es una introducción al mismo, una base sobre la que seguir profundizando.

Mi objetivo en este libro es descubrirte lo que puedes hacer y enseñarte una manera sencilla de aplicar las acciones directamente, pero si estás interesado en saber más sobre alguna de ellas puedes ampliar la información en internet.

Este libro está estructurado con un orden concreto. Para tener una buena presencia en internet debes comenzar desde el principio: primero creando una página web, una tienda online o una landing page básica, para después afrontar las siguientes acciones tácticas que permitan posicionar estas plataformas y atraer clientes hacia ellas. Por eso te recomiendo que leas capítulo a capítulo y apliques las diferentes acciones que te vayan haciendo falta dependiendo del punto de madurez digital en el que se encuentre tu empresa.

¿Me regalas una foto?

Si tienes este libro en tus manos es porque o nos conocemos, o has oído hablar de mi, o te han recomendado el libro o simplemente lo has encontrado en internet.

En cualquier caso, me encantaría poder estar en contacto contigo, ya que si estás leyendo este libro, es porque compartimos intereses, mentalidad y ganas de seguir aprendiendo.

Así que me gustaría mucho que te hicieras una foto con el libro y me la hicieras llegar a través de las redes sociales, con un email a mi correo electrónico (contacto@franciscorubio.es) o por el canal que prefieras.

Para mí sería un placer tenerte entre mis contactos y saber de ti.

0

¡BIENVENIDO A LA
ZONA CERO
DE NUESTRAS ACCIONES!

Definiendo el marketing digital

Hacer marketing digital es generar estrategias de comercialización en el entorno digital, empleando acciones y herramientas necesarias para la consecución de los objetivos marcados en el plan de la marca o empresa.

 Tip 1.— Flexibilidad, adaptabilidad y comprensión.

Hacer marketing digital no es generar una estrategia permanente, sino que has de aprender a diario de tu comunidad, tu audiencia, tus competidores y la inercia del propio mercado para mejorar tu estrategia.

A lo Steve Jobs, permanece atento, permanece hambriento de generar acciones capaces de elevar tu marca, empresa u organización hacia el infinito y más allá.

 Tip 2.— Los elementos clave del marketing digital.

- Contenidos.
- Redes sociales.
- SEO.
- SEM.
- Email marketing.

No olvides nunca que todos los elementos deben ser analizados: ¡medir, medir y medir!

Frase para reflexionar sobre cómo entender el nuevo marketing

«El marketing ya no tiene que ver con lo que haces, sino con las historias que cuentas».

Seth Godin

Cuenta tu historia, habla de tú a tú a la audiencia, no les hables de lo bueno que eres y lo bien que lo haces. En lugar de eso, cuenta una historia que refleje y proyecte unos valores comunes que incidan directamente en el corazón de tu público objetivo.

Evolución del marketing (digital)

La evolución del marketing y del marketing digital la debemos entender desde la concepción del propio producto como eje de toda una estrategia para la consecución de los objetivos.

A partir de este punto, debemos centrar cada acción en suscitar sentimientos y emociones en el público objetivo como elemento primordial de la estrategia.

En la evolución podemos destacar 5 etapas clave:

- **1890 - 1959.—** Marketing centrado y volcado en los medios tradicionales, donde lo esencial era hablar del producto y de lo que el producto podría proporcionar a los consumidores. ¡Si nuestra máquina del tiempo funciona, te invito a investigar sobre el primer anuncio de TV en 1941, en Estados Unidos y de la marca Bulova!

- **1960 - 1989.—** El marketing comienza a girar su vista hacia el consumidor y trata de persuadirlo. A mi mente viene una película que pronto te hará identificar esta etapa: En qué piensan las mujeres, de Mel Gibson, y su campaña para Nike.

- **1990 - 2015.—** Se comienzan a estudiar los valores y sentimientos de los consumidores; es un marketing que adhiere a su estrategia el estudio de causas medioambientales, ecológicas, sociológicas... Asistimos al nacimiento de los consumidores online, la era de la burbuja y el nacimiento de redes sociales como LinkedIn, Facebook o MySpace.

- **2016 - 2020.—** El marketing vuelve a girar hacia la humanización de las marcas, lo emocional. Trata de evitar la hiperconectividad y la saturación, además de generar marcas con alma capaces de conectar con una comunidad.

- **2021 - hasta el nuevo cambio.—** Asistimos al nacimiento de los NFT, el metaverso, nuevas redes sociales dirigidas hacia micro/nanonichos, crecimiento de comunidades y generar una unión entre marcas y consumidores.

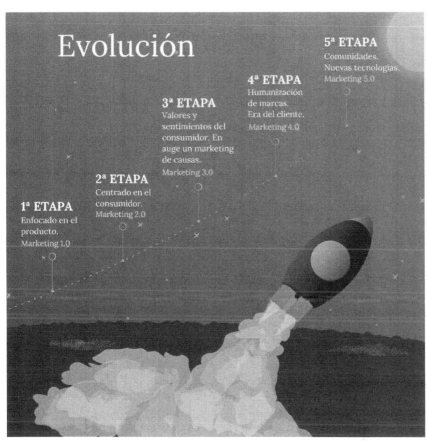

Evolución

1ª ETAPA
Enfocado en el producto.
Marketing 1.0

2ª ETAPA
Centrado en el consumidor.
Marketing 2.0

3ª ETAPA
Valores y sentimientos del consumidor. En auge un marketing de causas.
Marketing 3.0

4ª ETAPA
Humanización de marcas.
Era del cliente.
Marketing 4.0

5ª ETAPA
Comunidades.
Nuevas tecnologías.
Marketing 5.0

Tip. — Be water, my friend.

No te pido que te dejes llevar por una inercia incesante de cambios y entornos turbulentos y dinámicos, sino que seas capaz de detectar las oportunidades en una era donde las tecnologías están puestas al servicio de la humanidad.

Adopta aquello que te permita crecer como marca, pero con valores y siempre al lado de tu comunidad. No emplees la tecnología como una barrera ni vuelvas al marketing más tradicional y frío; al contrario, se agua para fluir aprendiendo lo que sea necesario para impulsar tu empresa.

Por qué hacer marketing digital

Porque necesitas conectar con tu audiencia, porque tu marca debe posicionarse y ser reconocida a través de la comunicación digital para llegar a clientes potenciales, porque debes comunicar en lo digital para crecer.

 Tip 1.— Lo digital no es estar por estar.

Estar en la esfera digital no es estar por estar; estar en lo digital no te asegura el éxito si no hay un trabajo de análisis e investigación previo; estar en lo digital requiere de una estrategia y acciones para hacer crecer una empresa y adaptarse a los nuevos tiempos, además de formas de comunicación de las generaciones futuras, que serán tus clientes o consumidores potenciales en un futuro cercano.

 Tip 2.— Ventajas del marketing digital.

- Posibilidad de medir los resultados obtenidos en las campañas de medios digitales.
- Segmentación más eficaz y eficiente, siendo posible trabajar con micronichos para optimizar cada acción para la consecución de los objetivos.
- Inmediatez para contactar con el cliente actual o potencial, inmediatez para conocer datos en tiempo real y para analizar los resultados.
- Mayor conocimiento de la comunidad que se genera en torno a la marca.
- Alcance e impresiones mayores que en medios tradicionales gracias a los canales de comunicación llamados redes sociales.
- Fidelización.
- Conocimiento del rendimiento de inversión y control de costes para optimizar la rentabilidad de la inversión.

Frase para reflexionar

«La cuestión no es si es posible hacerlo. Hoy la pregunta clave es: ¿te decidirás a hacerlo?».

Seth Godin

¡Adapta tu comunicación!

1

SIN PLAN
NO HAY PARAÍSO

En el mundo actual, en el que la mayoría de la gente está conectada a internet, el marketing digital es una herramienta fundamental para cualquier empresa que quiera tener éxito. Pero ¿qué es un plan de marketing digital y por qué es importante?

Un plan de marketing digital es un documento que describe las estrategias y las tácticas que una empresa utilizará para alcanzar sus objetivos de marketing en línea. Estos objetivos pueden incluir aumentar la visibilidad de la marca, generar tráfico a su sitio web, obtener más ventas y mejorar la fidelidad de los clientes. El plan de marketing digital establece un camino a seguir para alcanzar esos objetivos.

Para desarrollar un plan de marketing digital, primero es importante establecer los objetivos específicos de la empresa. Estos deben ser medibles y alcanzables, y deben estar alineados con los objetivos generales de la empresa. Una vez que se han establecido los objetivos, se deben desarrollar estrategias para alcanzarlos, que pueden incluir la creación de contenido, el uso de las redes sociales, la publicidad en línea o la optimización del motor de búsqueda.

Tras establecer las estrategias, se deben desarrollar tácticas específicas para llevarlas a cabo. Por ejemplo, si la estrategia es aumentar la visibilidad de la marca en las redes sociales, las tácticas pueden incluir la publicación regular de contenido en las plataformas de redes sociales relevantes, la realización de campañas publicitarias pagadas o la colaboración con personas influyentes de las redes sociales.

El plan de marketing digital debe incluir un presupuesto detallado que especifique los costos asociados con cada estrategia y táctica. Esto garantiza que la empresa pueda financiar adecuadamente el plan y alcanzar sus objetivos.

Entonces, ¿por qué es importante tener un plan de marketing digital? En primer lugar, porque ayuda a la empresa a enfocarse en sus objetivos y a establecer un camino claro para alcanzarlos. Esto favorece que la empresa utilice sus recursos de manera más efectiva, evitando la dispersión de esfuerzos en áreas que no son efectivas.

Además, permite que la empresa mida su progreso y haga ajustes en consecuencia. Si una táctica específica no está funcionando, la empresa puede cambiar su enfoque y probar algo nuevo, lo que conlleva que sea más ágil y se adapte mejor a medida que evoluciona el mercado.

En conclusión, un plan de marketing digital es una herramienta esencial para cualquier empresa que busque tener éxito online. Ayuda a establecer objetivos claros, a desarrollar estrategias y tácticas efectivas, a medir el progreso y a hacer ajustes en consecuencia. Al tener un plan de marketing digital bien pensado y ejecutado, una empresa puede aumentar su visibilidad en línea, generar más tráfico y ventas, y mejorar la fidelidad de los clientes.

ACCIONES
¡Y ACCIÓN!

Acción 1.– Define quién eres

¿Quién eres?

¿Qué necesidad resuelves? ¿Cuál es el problema que soluciona tu producto, marca o servicio?

¿A quién te diriges?

Hacerte estas preguntas será básico para establecer las primeras líneas de tu producto, marca o negocio. Es necesario que seas capaz de resumir en 2 líneas por qué y para qué estás en el mercado.

En tu definición de lo que eres y para qué estás aquí está el valor diferencial y lo que eres capaz de aportar al mercado.

 Tip.— Lápiz y papel.

> Coge lápiz y papel, tablet o cualquier herramienta donde puedas trazar tu idea de negocio, marca o producto. De forma esquemática, escribe tus 3 valores diferenciales y crea tu storytelling para definirte.

Acción 2.– Habla de tus objetivos: la metodología SMART

Sin objetivos no hay camino. Los objetivos son fundamentales para iniciar el camino y conocer por qué y para qué realizamos una planificación y las acciones para llegar a una meta determinada.

Los objetivos que te marques en tu negocio han de seguir las siguientes pautas:

S.M.A.R.T
TU GUÍA

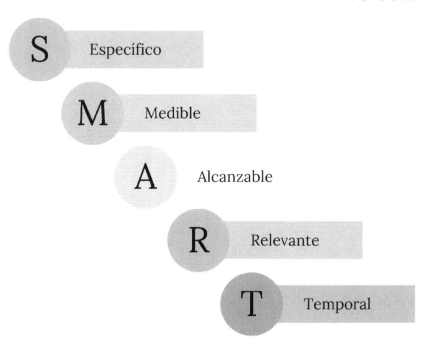

S de Específico: el objetivo debe ser conciso y claro.

Ejemplo: alcanzar unas ventas de 2.000 euros mensuales en 6 meses.

M de Medible: se ha de ser capaz de medir el objetivo, estableciendo criterios concretos de medición y evaluación.

Ejemplo: tener un engagement en redes sociales del 5% en el contenido realizado en Instagram.

A de Alcanzable: es esencial que se fije un objetivo u objetivos realistas, alcanzables y que puedan contrastarse con números anteriores u objetivos anteriores para poder realizar una comparativa y establecer objetivos reales.

 Tip: Si acabas de iniciar tu andadura, toma como referencia los datos del sector, estimando los datos medios y adaptándolos a tus capacidades.

Ejemplo: se debe conseguir un 5% de crecimiento en seguidores en un período de 6 meses.

R de Relevante: el objetivo u objetivos han de tener coherencia e ir en consonancia con el plan empresarial y de marketing.

Ejemplo: necesitamos conseguir un incremento de 200 seguidores para obtener 20 leads cualificados que nos permitan un aumento de las ventas del 5% en el primer trimestre de lanzamiento.

T de Temporal: los objetivos no son eternos. Determina un plazo para acotar cuándo ha de curmplirse el objetivo, lo que permitirá su análisis y control.

 Tip.— Sobre los objetivos.

Los objetivos son las metas a conseguir. Recuerda que debes revisar periódicamente la evolución de las acciones que te permiten alcanzar los objetivos: mide y vencerás.

Ejemplo: conseguir un incremento de ventas del 2% del producto en el primer trimestre de lanzamiento.

PLANTILLA PARA TUS OBJETIVOS

OBJETIVOS SMART

S	ESPECÍFICO	¿Qué quieres conseguir? - 2.000€ /mes
M	MEDIBLE	¿Cómo lo mides? - Métrica de ventas.
A	ALCANZABLE	¿Cómo lo harás? - Estrategia de email marketing
R	RELEVANTE	¿Es relevante para tu plan global?
T	TEMPORAL	¿Cuándo lo conseguirás? - En 6 meses

¿CÓMO CONSEGUIRÁS TUS OBJETIVOS?

Acción 3.– La comunidad: definiendo tu target

¿A quién te diriges? ¿Qué conoces sobre sus hábitos de consumo? ¿En qué canales está? ¿Cuál es su pensamiento?

¡Háblame de tu target! Es esencial que seas capaz de identificar a quién te diriges.

Determinar tu target, realizar la segmentación y ser capaz de hablar de quién es y poder «colocarte» en sus zapatos te ayudará a crear una estrategia adecuada para llegar a tu público objetivo.

Realiza un mapa de empatía y buyer persona; te permitirá segmentar a tu público objetivo.

 Tip 1.– Mapa de empatía: una llave de poder.

Un mapa de empatía es una herramienta utilizada en el ámbito del diseño y el marketing para comprender mejor las necesidades, deseos, motivaciones y comportamientos de un grupo específico de personas.

Consiste en una representación gráfica que muestra la información recopilada sobre el público objetivo en seis áreas clave: lo que piensan y sienten, lo que ven y escuchan, lo que dicen y hacen, sus dolores y frustraciones, sus deseos y necesidades, y sus metas y objetivos.

El objetivo del mapa de empatía es ayudar a los diseñadores, a los especialistas en marketing y a otros profesionales a comprender las perspectivas y emociones de los usuarios o clientes, para que puedan crear productos, servicios y mensajes publicitarios que satisfagan sus necesidades y deseos de manera más efectiva.

 Tip 2.– Buyer persona: descifrando a la persona a conquistar - Un ejemplo (escrito)

Supuesto inicial

Eres una agencia turística para Nueva York y tu target tiene una edad de entre 25-40 años debido a que ofreces una inmersión turística total en la ciudad a visitar.

Si necesitas conocer a una persona como Miguel, deberás trabajar una ficha semificticia sobre sus hábitos, dónde lee y encuentra su inspiración, motivos de viaje, así como qué tipo de contenido debes generar para acercarte a nuestro buyer persona llamado Miguel.

Datos personales de Miguel

- **Edad:** 38 años.
- **Estudios:** Economía.
- **Ciudad de residencia:** Granada, aunque es un viajero insaciable.
- **Ocupación:** CEO en una agencia de diseño y turismo. En la actualidad se encuentra inmerso en la creación de una guía sobre Nueva York desde el punto de vista económico.
- Vive en pareja en la zona norte de Granada. Deportista y con hábitos saludables cuidados al máximo para mantener un equilibrio mental, físico y de salud. Juega a pádel con su pareja para evadirse del ritmo frenético y los nuevos cambios de la agencia.

Miguel es el CEO de una agencia de diseño y turismo en Granada, con más de 10 años de experiencia en los que ha sido capaz de aglutinar proyectos nacionales e internacionales sobre turismo, economía, diseño y marketing en las nuevas ciudades del siglo XXI. Es profesor en universidades y escuelas privadas, donde comparte su pasión por el turismo, la economía y el marketing. Allí muestra a sus alumnos los distintos proyectos realizados para acercarlos a un mundo altamente competitivo, pero apasionante, debido a los continuos cambios de mercado, como el entorno digital y su influencia en el sector, la incorporación de nuevas tecnologías y el nuevo perfil del turista.

Miguel siente que debe estar en continua formación para aportar resultados positivos a sus distintos clientes, pero también tiene la necesidad de crear una guía turística nunca antes vista sobre New York. En los últimos meses Miguel ha delegado tareas vitales a su equipo de confianza para realizar un viaje que le aporte una experiencia única: necesita viajar hasta las raíces, así como conocer a fondo la esencia de la ciudad si quiere ser capaz de mostrar la riqueza cultural, gastronómica y natural de su destino turístico.

Miguel ha encontrado en las redes sociales nuevas formas de comunicación, y en las comunidades digitales, una nueva vía para el conocimiento y la creación de una guía viva y rompedora en el mercado.

¡Miguel debe encontrar una agencia que le permita una inmersión total en Nueva York!

Reflexión

Recuerda que saber a quién te diriges da sentido al problema que solucionas. Si alguna vez te preguntas para qué sirve un producto o incluso una app, acabas de darte cuenta de que tú eres el público objetivo y has descubierto que tenías un problema que solucionar una vez captada tu atención.

Estudiar el target, dibujarlo, pintarlo, etc. te ayudará a definir tus canales de comunicación, el tono y la forma de comunicar para atraer, conquistar y convertir.

Durante tu estudio del target, analiza, lee, estudia y observa, tómate tu tiempo y sé minucioso en la obtención de la mayor información posible, comienza con tu entorno y empieza a caminar hacia fuera, enciende tus cinco sentidos.

Acción 4.— Dónde estar y cómo comunicar

Si has definido tu target, conocerás dónde se encuentra. Habla, comparte y genera una comunidad en torno a unos valores; valores que has trabajado en la acción 1 y valores que te ayudarán a comunicar y conectar.

Tu target determina los canales a utilizar dentro de tu estrategia de marketing y, asimismo, te indica el tono de comunicación. Habla y comunica donde esté tu nicho, tu público objetivo, y genera comunidad.

 Tip.— Sobre la forma de comunicar y los falsos mitos.

Comunicar por comunicar no es la fórmula del éxito, estar por estar no te asegura la visibilidad. No es cierto que debas estar en todos los canales digitales; trabaja en los canales donde se encuentre tu público objetivo.

Acción 5.— La estrategia y las acciones, un juego de ajedrez

Establece qué tipo de estrategia llevarás a cabo para conquistar a tu público objetivo, analiza tus **fortalezas** y **debilidades**, encuentra **oportunidades** y detecta **amenazas** para saber en qué posición te encuentras para establecer la forma de actuar en el mercado.

Las acciones que plantees deben estar en sintonía con tu estrategia, ser coherentes con tus objetivos y estar alineadas con tu plan general.

 Tip.— DAFO.

Un DAFO es un análisis que se utiliza en el ámbito empresarial para evaluar las fortalezas, debilidades, oportunidades y amenazas de una empresa o proyecto. La sigla DAFO proviene de las iniciales de las palabras en español correspondientes a cada una de estas cuatro áreas: Debilidades, Amenazas, Fortalezas y Oportunidades.

El análisis DAFO se realiza a través de la identificación y la evaluación de factores internos y externos que pueden afectar a la empresa o al proyecto en cuestión. Las fortalezas y las debilidades se refieren a factores internos, como la capacidad de producción, la calidad de los productos, la experiencia del equipo de trabajo, etc. Las oportunidades y las amenazas son factores externos, como la competencia, la evolución del mercado, los cambios regulatorios, etc.

El análisis DAFO puede ayudar a las empresas a comprender su posición actual en el mercado y a identificar las áreas en las que necesitan mejorar para aprovechar las oportunidades o superar las amenazas. También puede ser utilizado para evaluar la viabilidad de un nuevo proyecto o iniciativa empresarial.

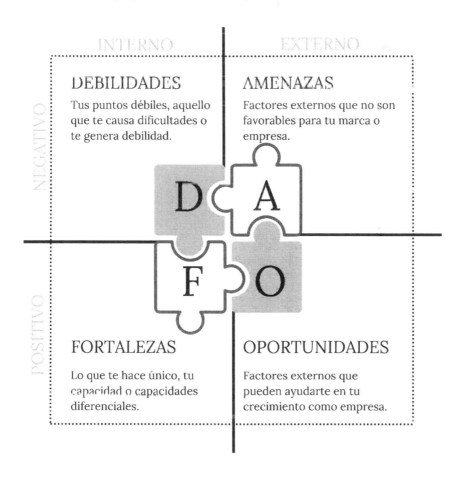

Acción 6.– Lo que no debo olvidar medir

Lo que no se puede medir no se puede analizar, medir las acciones nos permite evaluar si la estrategia es la adecuada para alcanzar los objetivos.

Recuerda establecer las métricas clave para analizar cada acción.

Utilizar métricas en marketing digital es fundamental para medir el rendimiento de las campañas publicitarias y comprender el impacto de las estrategias de marketing en el público objetivo. Algunas de las principales razones por las que es importante utilizar métricas en marketing digital son:

- **Evaluar el retorno de inversión (ROI):** las métricas permiten evaluar cuánto se está gastando en publicidad y cuánto se está generando de ingresos, con lo que se puede evaluar el ROI de la campaña y tomar decisiones basadas en datos para optimizar el presupuesto publicitario.
- **Comprender el comportamiento del público objetivo:** las métricas de marketing digital facilitan información para analizar cómo se comportan los usuarios en el sitio web, en las redes sociales o en otros canales digitales. Esto ayuda a comprender mejor sus necesidades y deseos, y a adaptar la estrategia de marketing en consecuencia.
- **Identificar áreas de mejora:** las métricas permiten identificar las áreas en las que se está fallando y hacer los ajustes necesarios para mejorar el rendimiento de las campañas publicitarias.
- **Tomar decisiones basadas en datos:** las métricas proporcionan datos objetivos y precisos sobre el rendimiento de las campañas publicitarias, lo que incide directamente en la toma de tomar decisiones basadas en datos en lugar de en suposiciones o conjeturas.

Utilizar métricas en marketing digital es fundamental para evaluar el éxito de las campañas publicitarias y optimizar la estrategia de marketing para mejorar el ROI y el rendimiento general.

Para reflexionar

En este primer capítulo, has aprendido a construir el lienzo que te ayudará a navegar en el entorno digital desde una perspectiva objetiva y con capacidad analítica, para poder entender, comprender y mejorar la comunicación de tu proyecto, marca, producto o servicio.

El plan. Un plan es necesario para poder entender a la competencia, al sector, a los consumidores, a las generaciones de consumidores, las tendencias y a ti mismo. Es necesario plantearse preguntas tan nimias como quién eres y por qué nace tu empresa, para saber y determinar hacia dónde vas y qué te permitirá atraer, captar y convertir a un target.

Aprender a generar un plan es vital para plantear estrategias y acciones que den sentido a lo que comunicas y a para qué comunicas.

Sin plan no hay paraíso.

1 Análisis e Investigación
Conoce tu mercado, a tus consumidores, tu entorno y los factores que dan forma al sector donde participa tu marca.

2 DAFO
Analiza a tu audiencia a través de estudios, crea tu mapa de empatía y buyer persona para generar estrategias.

6 Mide y Retroalimenta
Mide la totalidad de tus acciones en aspectos cuantitativos y cualitativos, retroalimenta tu plan y mejora.

PLAN
Esencial y vital para saber cómo caminar en el mundo digital.

3 Target
Estudia tu audiencia a través de estudios, genera tu mapa de empatía y buyer persona para generar estrategias.

5 Estrategia y Acciones
Determina canales, forma de actuar, estrategia de contenido, SEM, SEO..., pero no olvides tu DAFO ni tus objetivos.

4 Objetivos
Aplica la metodología SMART. Revisa tus objetivos cada 3 meses.

2

IDENTIDAD
CORPORATIVA

Qué es la identidad corporativa

Es la manifestación de los valores de una marca a través de una identidad visual que permite diferenciar a la marca o empresa frente a sus competidores, y entrar en la mente del consumidor mediante la representación y la proyección de unos valores.

Elementos que componen la identidad corporativa

- Tipografía.
- Tono de comunicación o tono de voz de la marca. Lenguaje.
- Logotipo.
- Imágenes.
- Nombre de la marca.

Por qué es necesario generar una identidad corporativa

Porque es fundamental diferenciarse de la competencia y generar un orgullo de pertenencia a través de los elementos tangibles que componen la identidad corporativa.

Algunos beneficios cualitativos de la identidad corporativa

- Fidelización.
- Compromiso.
- Percepción de valores por parte del equipo humano y orgullo de pertenecer a la empresa; piensa que se trataría de un sentimiento similar al de pertenecer a un club deportivo.
- Notoriedad, prestigio y reconocimiento.
- Marca, es decir, la propia marca genera un lazo de unión con los clientes potenciales, la comunidad o los clientes actuales.

Diferencia entre identidad corporativa e imagen corporativa

IDENTIDAD CORPORATIVA

Identidad vs Imagen

Gama cromática. Gama de colores.	Representación visual.
Fuentes tipográficas.	Emociones.
Puedes controlar tu identidad corporativa.	Percepciones.
Lenguaje.	Reputación.
Diseño.	Dificultad para controlar la imagen de marca. Necesidad de generar plan de contingencia.

ACCIONES
¡Y ACCIÓN!

Acción 7.– Háblame de ti y te diré quién eres: establece tu identidad corporativa

Tu identidad corporativa habla de ti, de quién eres y de qué proyectas o deseas proyectar hacia el exterior. Debes tener en mente que es tu carta de presentación y será la imagen con la que te verá el mundo exterior.

La identidad corporativa está formada por un nombre, tipografía, color e imagen; es un todo que da sentido a lo que eres, es la imagen, tu «físico» digital.

Establece los elementos clave que darán forma a tu identidad corporativa, analiza el sentido y el significado de cada color para transmitir un concepto, estudia fuentes y esboza una seña de identidad que te hará reconocible.

 Tip.— Estudiar y analizar para inspirar.

> Estudia a tu competencia, analiza sus colores, investiga tendencias y anota 3 competidores o marcas que asocias a tus valores para ayudarte a definir quién eres y cómo quieres que se te vea con cada uno de los elementos que conforman tu identidad corporativa.

Acción 8.– Elige tu nombre, tu seña de identidad

Juega con la inspiración, palabras cortas y fáciles de recordar, impacta, engancha con un juego de palabras, con un sonido que sea melodía para tu target, con un nombre que capte y atrape.

Tu nombre es tu seña de identidad, es el «nombre del equipo», el nombre de la tribu, y te ayudará a generar un «consumidor apóstol o evangelizadores».

Tip. — Para tu inspiración, genera un nombre.

Anota una lista de nombres, juega con elementos que son afines a tus gustos, di en voz alta el nombre, compártelo con tus allegados, pero sin decir el porqué, y estudia sus reacciones.

Haz que tu nombre sea inolvidable.

Acción 9. — Tu tipografía y colores hablan de ti

El tipo de letra es tu firma, es parte de la melodía de tu identidad corporativa; elige una tipografía clara y con capacidad de ser «leíble» en lo digital. Recuerda que tu identidad corporativa debe incluirse en una web, en documentos digitales y en creatividades.

Elige un color que sea capaz de transmitir los valores de tu marca, producto o servicio; analiza el color como el primer elemento visual que conquistará; observa y estudia el significado de los colores en marcas; piensa en la capacidad de replicarlo en cada una de las formas de comunicación que establezcas y haz un primer estudio con los colores elegidos.

 Tip. — Sobre tu tipografía.

Cada sector utiliza una tipología distinta, según el grado de afinidad entre las características de ambos. Analiza la tipografía más común y con mayor engagement para marcas, productos o servicios del sector.

Para reflexionar. — Psicología del color y la expresión de tu ser

El color nos atrae, nos hace pararnos y observar, nos conecta a una emoción o sensación; el color es la expresión más íntima y atrayente de tu identidad corporativa.

Te recomiendo que leas sobre la psicología del color. De esas lecturas, podrás extraer un aprendizaje y una visión de la importancia del color para transmitir los valores de una marca, producto o servicio.

Nada está exento de color y cada tonalidad nos señala un valor de la marca que la hace única e inolvidable.

Acción 10.– Crea tu logo

Crea un logo claro, capaz de replicarse y adaptarse en el mundo online y offline. La representación gráfica de tu marca, ya sea isotipo (solo símbolo), logotipo (solo letras), imagotipo (letras e imagen) o isologo (imagen y letras como un todo), debe ser algo único y memorable.

Coge un lápiz, olvida si eres o no un experto e intenta transmitir lo que deseas ser y cómo quieres que te vean una vez te presentes al público.

 Tip 1.– Sobre la adaptación de tu logo.

Genera un logo adaptado a tus necesidades.

 Tip 2.– Un profesional.

Si tienes capacidad para poder contratar a un profesional, comunícale a través de un briefing quién eres, qué deseas transmitir y qué valores quieres que se muestren a través del color.

Acción 11.– Hazte memorable, crea tu eslogan

Crea tu eslogan, haz que los usuarios, tu competencia y el mundo puedan recordar qué eres y qué pueden esperar de ti. Generar tu eslogan te permite instalarte en la mente de quienes te observan y es un elemento perfecto para influir en el público.

Genera un eslogan corto, fácil de recordar y que sea capaz de resumir, definir y hablar de lo que haces, representas y solucionas.

Elementos clave para tu eslogan

- **Breve, conciso y directo.** No utilices más de 6 palabras para definirte.
- **Rompedor, diferenciador, único.** Di en qué te diferencias y qué te hace único.
- **Memorable, con ritmo.** Una frase que sea capaz de conquistar y tenga chispa.
- **Frase positiva.** No utilices palabras con connotaciones negativas, proyecta confianza.

¿Y dónde puedes utilizar tu eslogan?

- **Web.** Claim en tu página web, de un vistazo.
- **Redes sociales.** Puedes emplearlo en la descripción, en cabeceras, en publicaciones corporativas o en elementos como hashtags.
- **Tarjeta de visita** (mundo offline).
- **Firmas de correo electrónico.**
- ¡Ojo! Si tienes un producto físico o una tienda online, puedes utilizar el eslogan en el embalaje.

Acción 12.– ¡Hora del registro! Tu marca debe ser registrada

Registrar tu marca impide que terceros puedan utilizar tus señas de identidad para comercializar sus productos o servicios. Con esta acción evitas que se pueda confundir a consumidores o usuarios de tu empresa.

Por qué registrar tu marca

- Para diferenciar tu producto o servicio impidiendo que terceros puedan «imitar» o generar confusión.
- Porque es un activo comercial de tu empresa, eres tú, pero a través de una identidad única y exclusiva que te diferencia frente a terceros.
- Para proteger la identidad de tu marca.

Cómo registrar tu marca: modalidad online

1. Accede a la web de la OEPM y comienza el registro de tu marca.
2. Dirígete a trámites para signos distintivos.
3. Acepta las condiciones y crea una nueva presentación.
4. Rellena los datos de tu marca, elige el tipo y la clase que se ajusten a tu marca.
5. Comprueba los datos de tu solicitud.

 Tip.– Si te preguntas: ¿y si deseo registrar mi marca de manera presencial u offline?

Tendrás a tu disposición los siguientes lugares u opciones para presentar tu solicitud de registro de marca.

- Centro Regional de Información en Propiedad Industrial de tu comunidad autónoma.
- Oficinas de correos, cumpliendo los siguientes requisitos: en sobre abierto, por correo certificado y con acuse de recibo.

- Si eres de Ceuta o Melilla, o no estás domiciliado en España, debes presentar la solicitud en la Oficina Española de Patentes y Marcas.

¿Preparado para registrar tu marca?

Acción 13.– ¡Todos a una! La imagen de tus redes sociales debe ser una melodía

Recuerda todo lo aprendido, tu identidad de marca e imagen corporativa para mostrar una línea visual que define quién eres a través de los diferentes elementos estudiados en las anteriores acciones.

Una vez definas la estrategia de comunicación y los canales donde estarás para impactar a tu target, junto con tu identidad e imagen, es el turno de definir la línea visual y el estilo en las redes sociales.

 Tip.– La imagen global de todos y cada uno de tus canales sociales ha de ser idéntica.

¿Qué elementos visuales debes adaptar en redes sociales?

- Foto de perfil.
- Foto de portada, encabezado o banner son los nombres que suele recibir la foto de cabecera de las distintas redes.
- Publicaciones, es decir, las imágenes en el feed o timeline (en el caso de Twitter).

¿Dónde se debe mostrar una imagen unificada?

Cuando se habla de imagen unificada, se habla de una identidad corporativa adaptada a los elementos más representativos de los canales sociales:

- Foto de perfil.
- Foto de cabecera o encabezado.

Las fotos de perfil y cabecera han de ir al unísono en cada una de las redes sociales. Para ello, es esencial que adaptes las imágenes y definas la imagen a mostrar en torno a esos dos elementos mencionados anteriormente

Siguiendo en la línea de la pregunta anterior, y que debe ayudarte a resolver las dudas al hablar de una imagen unificada, nos referimos también a una línea visual coherente con lo trabajado en la identidad corporativa, respetando la línea fijada en los inicios y que representa lo que eres, tanto en forma como en contenido.

Trabaja la línea visual que seguirás en las redes sociales, pero recuerda que debe estar en sintonía con tu identidad corporativa.

Recomendaciones de tamaño de imagen para perfiles y publicaciones

- **Tamaños de foto de perfil y encabezado recomendados en las distintas redes:** debido a posibles cambios en las redes sociales, debes revisar periódicamente la recomendación sobre el tamaño de la imagen de perfil y del encabezado.

- **Tamaños de imágenes para feed y timeline:** ¿por qué es importante adaptar las imágenes a las dimensiones recomendadas?

  ‣ Evita una distorsión de las imágenes. Si tu imagen de perfil no es correcta puede sufrir un «estiramiento» y debes tener en cuenta que la imagen que muestres en redes sociales debe ser profesional.
  ‣ Una imagen optimizada en cada uno de tus feed y timelines generará credibilidad. Tener un feed optimizado genera una mayor interacción.
  ‣ Garantiza que el mensaje enviado en redes sociales es el correcto.

Tamaño de Imágenes

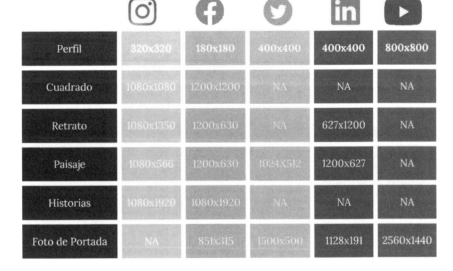

	Instagram	Facebook	Twitter	LinkedIn	YouTube
Perfil	320x320	180x180	400x400	400x400	800x800
Cuadrado	1080x1080	1200x1200	NA	NA	NA
Retrato	1080x1350	1200x630	NA	627x1200	NA
Paisaje	1080x566	1200x630	1024X512	1200x627	NA
Historias	1080x1920	1080x1920	NA	NA	NA
Foto de Portada	NA	851x315	1500x500	1128x191	2560x1440

Acción 14.– Tu firma en el correo: generando impacto comercial

Genera una firma personalizada y adaptada a tu identidad corporativa para cada uno de los miembros de tu equipo. Una firma personalizada en el correo es un apoyo comercial y un impulso para generar visitas en los canales digitales de la marca o empresa.

¿Por qué has de tener tu firma en el correo?

- Ayuda al branding de tu empresa, potencia tu marca y al equipo humano. Genera confianza, transparencia y profesionalidad.
- Atracción hacia la web y canales sociales.
- Cercanía. Recuerda que cada miembro de tu equipo tiene su firma personalizada y mostrar el nombre de una persona en cada firma rompe la frialdad de un correo electrónico.
- Apoyo comercial a tu equipo humano. Una firma en el correo electrónico es como una tarjeta de visita tradicional: una carta de presentación donde presentas tus datos.
- Valor para tu empresa. Recuerda que un pequeño detalle marca la diferencia.

Herramientas para generar una firma

- MySigmail.
- Dropbox Sign.
- Dynasend.

Acción 15.– ¿Y en el mundo offline? ¡Diseña tu tarjeta de visita!

No descuides el mundo terrenal; tu identidad corporativa debe reflejarse en cada uno de los elementos online y offline que componen tu empresa para mostrar una imagen corporativa sólida, profesional y creíble.

Diseña tu tarjeta visita sin olvidar elementos clave como tipografía, color, web, adaptación a cada miembro del equipo y formas de contacto.

 Tip 1.– Sé claro, directo, único e innova en el diseño de la tarjeta de visita. Diferénciate de tus competidores.

 Tip 2.– Inspírate en canales como Pinterest o Instagram para captar ideas que puedas adaptar a tu marca.

Tip 3.— Algunas herramientas para diseñar tarjetas de visita:

- **Canva:** versión gratuita y pro. Plantillas predefinidas.
- **Adobe:** versión de pago. Plantillas predefinidas con una capacidad visual muy potente, disponibilidad de por vida de la tarjeta de visita generada para tu empresa o marca.
- **Innocard:** para generar una tarjeta de visita digital.

Acción 16.— ¡Nos vamos con la imagen corporativa! Equipo: capta la esencia de tu equipo humano

El equipo humano es una parte inherente a la imagen corporativa, es decir, a lo que se transmite a través de una marca con su identidad corporativa, a la percepción que se tiene de ella. Un equipo humano genera una seña de identidad que forma parte del conjunto de la imagen corporativa.

Para transmitir una imagen profesional y adecuada a los valores que representa tu marca recomendamos que realices un reportaje fotográfico del equipo humano.

La profesionalidad de las fotos comunica seriedad, credibilidad y confianza. Si recapitulamos las distintas acciones de este libro, podrás comprobar que hacemos hincapié en conceptos como credibilidad y confianza, esenciales para el posicionamiento de tu marca como referente del sector.

 Tip.— Sobre proyectar valores.

No solo debes tomar fotos del equipo humano. Recuerda que todos y cada uno de los elementos que componen tu empresa forman parte de la imagen corporativa, no olvides tomar fotos de tus instalaciones y tus productos de manera profesional.

Acción 17.— Tu imagen y el diseño de tu web deben ser una orquesta perfecta. ¡Al compás!

El diseño de tu web tiene que ser coherente con los valores que representa tu marca en tres claves: **tipografía** —es fundamental que trabajes con fuentes responsive—, **color** y **línea gráfica**, definidos previamente en la creación de tu identidad corporativa.

Para el diseño web puedes trabajar de manera totalmente personalizada con un equipo de diseño y desarrollo. Otra opción más factible es trabajar con plantillas que puedas personalizar y adaptar a tu identidad corporativa.

El diseño web es un elemento primordial y esencial dentro de tu imagen corporativa, es la proyección de tu «yo» en el mundo digital junto con tus canales sociales.

Acción 18.– ¡Hora de renovar! ¿Y si mi marca se ha quedado anticuada?

Restyling o rediseño: hace referencia a cambios tangibles en la identidad corporativa, es decir, en el logotipo, en la tipografía o los colores, en los soportes publicitarios off y on, etc. En definitiva, en todos los elementos de la identidad e imagen corporativa.

El restyling forma parte del concepto de branding.

Curiosidad sobre el restyling

¿Sabías que el concepto restyling proviene del mundo del motor y hace referencia al «lavado de cara» de un modelo existente y ya asentado en el mercado?

Para hacer un restyling eficaz recomendamos que analices a tu consumidor, la evolución de tu marca y los valores que te han hecho diferente y único.

Pasos para hacer un restyling

- **Investigación:** estudia a tu competencia, a tu consumidor y analiza tu evolución en el mercado en términos de percepción de marca, crecimiento y nuevas tendencias que puedas adaptar de manera coherente a tu marca.
- **Ideación:** en la línea de investigación y análisis, genera ideas que puedan aportar en el nuevo rediseño.
- **Aplicación:** aplica el restyling y adáptalo a diferentes formatos.
- **Prueba:** realiza un testeo, estudia y analiza los sentimientos, sensaciones y feedback de tu público objetivo. ¡Recoge los datos y añade el feedback para un gran lanzamiento!
- **Lanzamiento.** ¡Despega con tu nueva propuesta, pero mantén tus valores diferenciales!

3

DOMINIO
ESPACIO WEB

Qué es un dominio

Un nombre de dominio es único y aporta una identidad a un sitio web. El nombre de dominio es el «DNI» de nuestro sitio web (espacio o página web) en internet.

Cada dominio es exclusivo y es el «nombre» que recibe nuestra web, no podrán existir dos o más sitios web con nuestro nombre de dominio.

Composición de un dominio
▼
Nombre + Extensión
▼
Ejemplo: esunawebgenial.com
▼
Nombre: esunawebgenial
Extensión: .com

Tipos de dominio

Los tipos de dominio se dividen en 3 grupos, que debemos reconocer fácilmente en nuestro aprendizaje. Los niveles de dominios se separan por puntos y la importancia de los dominios se ordena de derecha a izquierda; la jerarquía la marca la DNS (sistema de nombres de dominio) :

a) **Dominio de Primer Nivel - TLD (Top Level Domain):** es el de mayor jerarquía de acuerdo a su DNS. Dentro de los dominios de primer nivel podemos distinguir tres tipos: genéricos, geográficos o patrocinados.

- **Dominios Genéricos o gTLD:** son los más comunes y reconocibles, como .com, .org o .net.
- **Dominios ccTLD (dominios de nivel superior territoriales-geográficos):** son dominios orientados a una zona geográfica concreta, como .es, .fr, .mx o .jp. ¡Ojo, están dirigidos a un territorio, no a un idioma; esto debemos tenerlo claro!
- **Dominios sTLD:** dominios cuya gestión es cedida a organizaciones, a entidades privadas o a un sector específico de actividad, como es el ejemplo de .travel, .tel o .mil.

b) **Dominio de Segundo Nivel - SLD (Second Level Domain):** es el dominio que se encuentra a la izquierda de nuestro dominio de primer nivel, lo que anteriormente denominamos «nombre de dominio», es decir, el nombre de la marca, empresa, organización o persona.

c) Dominio de Tercer Nivel - TrLD (Third Level Domain): es la combinación de un dominio genérico y uno geográfico, es decir, gTLD + ccTLD, como pueden ser .org.es o .edu.mx.

Subdominio

Es un dominio que creamos a partir de nuestro dominio propio y que deberíamos tener como recurso interesante para la elaboración de espacios de test, pruebas o para páginas específicas como guías, landing, etc.

Ventajas de usar un subdominio

Organización por productos o servicios. Nos puede ayudar a categorizar nuestro proyecto web o ser un entorno de pruebas.

Funciona de manera independiente al dominio principal, con lo cual se evita la carga a través del dominio principal.

 ¡Bola extra!

Los dominios se estructuran de manera jerárquica debido a la DNS (recuerda que es un sistema de nombres de dominio) y se ordena su importancia de derecha a izquierda, existiendo tres tipos de niveles: TLD (Top Level Domain), SLD (Second Level Domain) y TrLD (Third Level Domain).

Un dominio es parte de una URL. Si imaginamos que una URL es un pastel y lo dividimos en partes, encontraremos las siguientes estructuras:

- Protocolos de conexión: https.
- Nombre de dominio: midominio - SLD (Dominio de Segundo Nivel).
- Extensiones: dentro de las extensiones podemos observar dos tipos:
    ‣ Primer Nivel - TLD (Top Level Domain): pueden ser genéricas o geográficas.
    ‣ Tercer Nivel: combinación de genéricas junto con geográficas, tales como .com.es.

Hosting y tipos de hosting

¿Qué es un hosting?

Para definir qué es un hosting te proporcionaré dos tipos de definición —valga la redundancia— que te permitan reflexionar y obtener un concepto claro sobre el hosting.

Definición de hosting según Wikipedia (con anotaciones propias, para despertar tu atención): el alojamiento web (web hosting, web host, hospedaje web o, simplemente, hosting) es el servicio que provee a los usuarios de internet de un sistema (espacio) para poder almacenar información, imágenes, vídeo o cualquier contenido accesible vía web (tu proyecto web).

Además del servicio, el hosting también se refiere al lugar que ocupa una página o sitio web en internet o, más específicamente, en un servidor, que es el que «hospeda» varias páginas web o aplicaciones.

¡Reflexionamos!

El hosting es el alquiler de un espacio (habitación) que se encuentra en un lugar llamado servidor para darle «una casa» a nuestro proyecto web.

Los proveedores de hosting ofrecen varios tipos de alojamiento, con diferentes características, que nos permitirán (te permitirán) elegir aquel que se adapte a tus necesidades, desde un blog a un proyecto con mayor entidad: un ecommerce de alimentación, una web de servicios en línea, un portal de e-learning o cualquier otro tipo de proyecto.

¡Escoge aquel plan de hosting que se adapte a tus necesidades!

Tipos de Hosting

- **Hosting Compartido (Shared Hosting)**

  Este tipo de hosting es el más económico y común que podemos encontrar en los distintos proveedores de hosting.

  Un hosting compartido es como una urbanización con varias viviendas donde el proveedor «alquila» cada vivienda para un proyecto. En términos más técnicos, en un servidor habrá varios espacios para diferentes proyectos.

  El hosting compartido se recomienda para blogs y para proyectos que no requieran de una capacidad elevada para su desarrollo.

En el hosting compartido se dividen los siguientes aspectos:

- CPU.
- Procesador.
- Memoria RAM.
- Ancho de banda.
- Transferencia de datos.

Debes saber que pueden existir algunas desventajas en la utilización de un hosting compartido, como son las siguientes:

- Disminución de la velocidad de carga si existe una sobrecarga del servidor por parte de uno de los proyectos que coexisten dentro del servidor.
- No es posible configurar el servidor para nuestro proyecto, ya que es gestionado por el proveedor del hosting.
- Si existe algún problema en algún hosting, este puede afectar al resto de proyectos.

- **Hosting VPS (Servidor Virtual Privado)**

En este tipo de hosting seguiremos compartiendo servidor (edificio) con diferentes proyectos, pero el servidor físico se encontrará dividido en diferentes «partes», divisiones individuales virtualmente, con lo cual la capacidad y flexibilidad para nuestro proyecto será mayor que en el hosting compartido.

¿Recuerdas el ejemplo de un edificio/urbanización con diferentes viviendas? ¡Ahora estamos ante una urbanización con diferentes casas delimitadas, donde tenemos nuestro propio espacio y recursos para nosotros mismos!

Con este tipo de hosting tendremos mayor escalabilidad, flexibilidad y acceso raíz al servidor.

Como desventajas:

- No podremos disponer de la totalidad de los recursos del servidor. Recuerda que nuestra capacidad, flexibilidad y rendimiento aumentan, pero estamos limitados por las diferentes divisiones del espacio.
- Has de tener en cuenta que la configuración es más complicada y requiere de conocimientos, ya que no tendrás el hosting configurado por parte del proveedor. Esto implica que debes tener conocimientos técnicos y de administración de servidores web.

- Hosting dedicado

   Un hosting dedicado es aquel cuyo servidor es usado exclusivamente por un único cliente.

   Este tipo de hosting nos confiere mayor capacidad, rendimiento, recursos, velocidad y flexibilidad, y tendremos un acceso completo al hardware y al software. Sin embargo, recuerda que deberás tener conocimientos técnicos y de administración; es un paso más hacia el servidor virtual privado.

   ¿Y qué podemos hacer con la elección de este tipo de hosting?

     - Configuración del servidor.
     - Elección del sistema operativo: Windows y Linux.

   Inconvenientes:

     - Configuración y mantenimiento del servidor.
     - Precio.

- Cloud Hosting o Hosting en la nube

   El cloud hosting es el hosting más avanzado y confiable, utilizado por proyectos que requieren una alta capacidad de recursos, como, por ejemplo, soluciones SaaS como Netflix, Mailchimp, Spotify o Dropbox.

   Un hosting en la nube nos permite tener a nuestra disposición varios servidores físicos interconectados entre sí en la nube.

   Este tipo de hosting es el de mayor capacidad, flexibilidad, potencia y fiabilidad, además del más rentable para proyectos web de alta demanda porque solo pagaremos por los recursos utilizados.

- Hosting Wordpress

   Es un tipo de hosting específicamente creado para proyectos web que trabajarán con Wordpress. El servidor está configurado para trabajar con el CMS de Wordpress, cuenta con plugins preinstalados y está optimizado para un rendimiento alto del proyecto.

     - Puede ser el hosting ideal para nuestros proyectos iniciales.
     - Plantillas y plugins de Wordpress preinstalados.
     - Excelente y óptimo rendimiento.
     - Coste bajo.

Acción 19. – En el nombre elegido está tu «yo» digital

Elige un nombre de dominio en sintonía con tu nombre de marca o servicio. Te recomiendo un nombre de dominio corto, fácil y con la capacidad de ser recordado por parte de tu target objetivo y del resto de la humanidad.

Tu nombre de dominio es la primera piedra angular de tu identidad digital, es el paraguas de cada una de las gotas de comunicación digital como pueden ser las redes sociales.

A la hora de elegir un nombre de dominio para un sitio web, existen varias herramientas que pueden ayudar a encontrar un nombre disponible y adecuado para el sitio. Algunas de las herramientas más comunes son:

- **Generadores de nombres de dominio:** hay diversas herramientas en línea que generan nombres de dominio basados en palabras clave o frases relevantes para el sitio web. Estas herramientas pueden ser útiles para encontrar nombres de dominio disponibles que se adapten bien al tema del sitio.
- **Verificadores de disponibilidad de nombres de dominio:** las plataformas de registro de dominios suelen contar con herramientas para comprobar la disponibilidad de los nombres de dominio que se han pensado. Estas herramientas permiten ver si el nombre de dominio deseado está disponible para su registro o si ya está registrado por otra persona.
- **Herramientas de análisis de palabras clave:** las palabras clave son importantes para el SEO (optimización para motores de búsqueda) y pueden ser relevantes para elegir un buen nombre de dominio. Las herramientas de análisis de palabras clave permiten identificar las palabras clave más relevantes para el sitio y ayudan a elegir un nombre de dominio que contenga una o más palabras clave.

- **Herramientas de investigación de la competencia**: investigar la competencia puede ser una buena forma de encontrar inspiración para elegir un nombre de dominio. Las herramientas de investigación de la competencia permiten analizar los nombres de dominio de los competidores y encontrar oportunidades para elegir un nombre de dominio único y distintivo.

Estas herramientas pueden ayudar a encontrar un nombre de dominio disponible y adecuado para el sitio web, teniendo en cuenta aspectos como la relevancia del nombre, la disponibilidad del mismo, las palabras clave y la competencia en el sector.

 Tip.— Sobre la disponibilidad del dominio.

Te recomiendo que compruebes la disponibilidad de tu dominio con las herramientas whois o dondominio, por ejemplo.

Acción 20.— Evita números y guiones, salvo que sea clave en tu identidad corporativa

Utilizar números en el dominio hace que tu dirección web sea difícil de recordar y se pierda claridad.

¿Cuándo puedes utilizar números en tu dominio?

Es recomendable utilizar números en el dominio si es un elemento clave de tu nombre de marca.

¿Puedo utilizar guiones?

Podrías utilizar guiones si tu nombre de dominio no estuviera libre y fuese una opción factible para estar en sintonía con tu marca.

Ejemplo: Restaurante Malabares

Imagina que restaurantemalabares.com no está disponible. En tal caso, puede ser una opción restaurante-malabares.com.

Acción 21.— Eligiendo la extensión: mirando al futuro

La elección de la extensión dependerá de tu visión con vistas al futuro. Si tu empresa o proyecto está orientado a un país en concreto, te recomiendo utilizar la extensión de ese país, por ejemplo: dominio.es. Si lo vas a utilizar de manera global, puedes utilizar dominio.com.

 Tip.— Conociendo las extensiones.

En algunos sectores hay extensiones de dominio específicas; por ejemplo, si eres una asociación te recomendamos utilizar la extensión .org, si eres una escuela de enseñanza privada recuerda que podrás emplear el .edu.

Acción 22.— No olvides otros dominios alternativos y cuídate de la competencia

Haz una lista de dominios alternativos que pueden ayudarte a identificar tu marca y protegerte frente a la competencia, evitando que ella pueda adquirirlos y redireccionar los dominios hacia su web.

 Tip 1.— ¡Lo alternativo para pruebas!

Tener un dominio alternativo puede constituir una zona de pruebas o beta para el diseño y lanzamiento de tu web.

 Tip 2.— Dominio para probar diferentes opciones de diseño y resultados.

Puedes emplear dominios alternativos para diversificar líneas de negocio.

 Tip 3.— Landing page para pruebas de mercado.

Puedes utilizarlo para crear y diseñar landing page para pruebas y testeo de mercado.

Acción 23.— Un espacio acorde con tus necesidades

Elige el espacio (hosting) que se adapte a las necesidades de tu proyecto. Para la elección debes establecer para qué quieres tu web, qué quieres mostrar y qué capacidad necesitas para que puedas ofrecer una correcta experiencia de usuario.

El espacio donde alojar tu casa digital (web, blog, tienda, proyecto) debe adecuarse a las necesidades y peticiones de usuarios para una excelente navegación; debes pensar en el rendimiento y en las capacidades técnicas que necesitas para que no haya problemas que afecten a tu reputación, notoriedad y visibilidad.

Acción 24. – La atención al cliente es clave: soluciona problemas

¡Recapitulamos!

Tienes nombre de dominio, extensión geográfica específica seleccionada, dominios alternativos, palabra clave en tu dominio y conoces tus necesidades de hosting para tu casa digital.

¡Es el momento de que elijas el proveedor de hosting adecuado!

Te recomiendo un proveedor donde puedas tener una atención adecuada ante cualquier incidencia técnica que no sepas abordar. Recuerda que necesitas trabajar con un proveedor de hosting que pueda ayudarte en cualquier momento y que sea resolutivo, rapido y eficaz.

Acción 25. – Instala un certificado SSL y protege tu dominio

En el mundo digital la seguridad es primordial para la credibilidad, además de ser un factor necesario para proteger tu web del robo de datos.

Instalar un certificado SSL es necesario para cifrar la comunicación que se produce entre la web (tu web) y el usuario.

Tu proveedor de hosting debe indicar en su plan de contratación si el certificado SSL está incluido dentro del paquete que adquieres. En la mayoría de las ocasiones está incluido y para instalarlo simplemente debes indicarlo en el panel de gestión.

Acción 26. – ¡Genera tus mails corporativos!

Genera tus mails corporativos para dar una imagen de confianza y credibilidad; piensa que la comunicación engloba a todos los elementos que componen a una empresa y no se debe dejar al azar.

Cuando trabajas online debes hacer lo necesario para generar la misma confianza que generarías de forma presencial con el cara a cara. Por tanto, es imprescindible que cuides hasta el más mínimo detalle.

Una vez contrates tu plan de hosting junto con tu dominio, en tu panel de gestión tendrás un apartado para «crear o generar direcciones de correo electrónico». Te recomiendo que generes una dirección de correo electrónico para cada uno de los miembros de tu equipo, un correo general, correo por departamento y un correo para información.

Acción 27.– Configura tus copias de seguridad

Una de las máximas en lo digital es estar siempre prevenido ante cualquier incidencia técnica, tanto propia como ajena. Por este motivo, te recomiendo que respaldes tu web diariamente en el intervalo de tiempo en el que la afluencia de usuarios sea menor o nula.

¿Por qué es importante respaldar o realizar una copia de seguridad diaria?

- Para recuperar datos de forma rápida y sencilla ante posibles actualizaciones, tanto propias como de terceros, como pueden ser plugins, CMS o plantilla.
- Para el control de los datos.

Acción 28.– ¡Todo en uno! Hosting y dominio con el mismo proveedor.

Hosting y dominio pueden encontrarse en diferentes proveedores, pero te recomiendo que por practicidad, precio más económico y agilidad para resolver problemas contrates en un mismo proveedor dominio y hosting.

 ¡Una bola extra! Las claves para un nombre de dominio perfecto.

- Fácil de escribir; haz la prueba con tu entorno, familia, amigos.
- Un nombre corto, palabra clave.
- Sin guiones ni caracteres especiales, salvo que sea necesario o que necesites un guion porque no esté disponible tu nombre de dominio. Sobre caracteres especiales recuerda que no están permitidos.
- Memorable y fácil de identificar.
- Extensión geográfica de tu zona. No olvides comprobar si existe una extensión específica para tu sector, ya que puede ser interesante utilizarla.

4

CONSTRUIR
TU WEB

¡Sube al DeLorean!

Qué es una web

Es un espacio virtual donde se encuentra alojada la información digital de una empresa, marca, organización o persona, en diferentes tipologías de formatos (vídeos, imágenes o textos).

Conociendo qué es un CMS

Definición de CMS según Wikipedia:

«Un sistema de gestión de contenidos o CMS es un programa informático que permite crear un entorno de trabajo para la creación y administración de contenidos, principalmente en páginas web, por parte de los administradores, editores, participantes y demás usuarios».

¿Un CMS?

Será la primera pregunta tras leer la definición de Wikipedia. CMS proviene del inglés Content Management System, es decir, un sistema de gestión de contenidos. El CMS es un sistema que nos permite poner en funcionamiento nuestro proyecto web.

Un CMS es un gestor de contenidos.

Un gestor de contenidos (CMS) nos permite tener un proyecto web dinámico, como un blog, un ecommerce u otro tipo de web.

Para tu aprendizaje y curiosidad

Hasta 1995 no existían gestores de contenidos para la creación y funcionamiento de nuestros proyectos web, debíamos recurrir a programadores que realizaban una actualización continua de la web (productos, información, contenido). Tras esta problemática y gracias a la innovación de CNET nació el primer gestor de contenidos: Vignette.

¿Cómo funciona un CMS?

Un CMS funciona en tres capas:

- **Frontend:** es lo que ve el usuario final, la capa visible para nuestros usuarios en su navegación. El frontend es la suma del trabajo de diseño, programación y contenido realizado a través de nuestro gestor de contenidos. Es la parte estética de nuestro proyecto, nuestra imagen en el entorno digital.
- **Backend:** es lo que se encuentra detrás de lo visible, como lo que hay tras el telón de un escenario de teatro. En ese backend tenemos diferentes zonas para la creación de los formularios, la configuración del menú, las páginas y las entradas, e incluso una zona para añadir recursos adicionales, como son los plugins.
- **Base de datos:** cuando realizamos la instalación de nuestro CMS, en nuestro panel de gestión se genera la base de datos. Esa base de datos alojada en nuestro hosting contendrá la información de nuestro proyecto web.

¿Para qué sirve un CMS?

Llegados a este punto ya sabes que un CMS es un gestor de contenidos, que funciona a «3 capas» —base de datos, backend y frontend—, y que nos permite poner en funcionamiento nuestro proyecto web de una manera rápida y fácil, además de mantenerlo y actualizarlo sin necesidad de programadores, como ocurría antes de 1995.

Y seguirás preguntándote para qué nos sirve un CMS:

- Nos ayuda a publicar nuestro proyecto web, a mostrar nuestra tarjeta de presentación digital, nuestra casa digital.
- Podemos crear comercios electrónicos a través de la gestión de servicios/productos digitales (infoproductos, cursos, talleres).
- Nos facilita la gestión de contenidos (imágenes, vídeos, infografías, entradas, formularios).
- Podremos instalar unas herramientas llamadas plugins, que nos ayudarán a mejorar nuestra web. En este sentido, existen plugins para posicionamiento orgánico, plugins para la creación de formularios, plugins para suscripciones/membresías, plugins —como Woocommerce— para la venta online, plugins para pasarelas de pago, etc.

Tipos de CMS

¡Hora de elegir el CMS con el que vamos a trabajar!

En este momento conoces cómo funciona un CMS, las ventajas de usar un gestor de contenidos y para qué sirve. Si bien es cierto que nosotros trabajaremos con el CMS más conocido, Wordpress, has de tener en cuenta que puedes elegir tu CMS considerando diferentes motivos:

- Historial (actualizaciones, atención/soporte técnico).
- Opiniones y experiencias de uso.
- Tipología de proyecto. Por ejemplo, un ecommerce donde tienes otras opciones, como Shopify (no es de código abierto).

CMS más populares

Los CMS más populares y de los que quizás hayas oído hablar son los siguientes:

- **Wordpress:** es el CMS más utilizado en el mundo, la curva de aprendizaje desde su instalación es exponencial, es ágil y cómodo para trabajar en la creación de nuestro proyecto web.

  Con Wordpress tendremos la posibilidad de añadir recursos adicionales (plugins) para trabajar aspectos como SEO, diseño, analítica, CRM.

  Al ser de código abierto, un punto negativo y que debemos tener en cuenta son las vulnerabilidades, pero no te preocupes por este aspecto: tendrás el respaldo/seguridad de tu proveedor de hosting y podrás añadir un plugin de seguridad.

- **Joomla:** es el CMS empleado por las grandes compañías, trabaja bajo el lenguaje php, es de código abierto.

  4 sitios web que utilizan Joomla:

  - Harvard University.
  - Ministerio de Educación de Grecia.
  - Agencia Nacional del Crimen de Reino Unido.
  - Villarreal Club de Fútbol.

- **Drupal:** CMS que trabaja con módulos integrados entre sí, es el empleado por el Gobierno de los Estados Unidos, destaca su comunidad de expertos.

- **TextPattern:** CMS ligero, seguro, basado en etiquetas, código abierto, excelente comunidad de desarrolladores. Recomendable para la creación de portfolios online.

¡Existen 350 CMS de código abierto! Pero aquí nos centramos en los 4 más reseñables, incluyendo el CMS con el que trabajaremos durante tu aprendizaje: Wordpress.

Clasificación

Según características:

- **Según lenguaje:** PHP (en el caso de Wordpress), Python, Perl, Ruby on Rails, entre otros.
- **Según licencia:** código abierto (Open Source, como Wordpress) o software de propietario (como BigCommerce).

Ejemplos según su uso y funcionalidad:

- **Blogs:** Blogger. Wordpress también estaría integrado en esta categoría
- **Foros:** bbPress.
- **Wikis:** MediaWiki.
- **E-learning:** Moodle.
- **Comercio electrónico:** Magento o PrestaShop.
- **Portales:** destacamos de nuevo Wordpress, Joomla, Drupal.

¡Bienvenido al mundo de los CMS, ahora nos toca trabajar con Wordpress!

ACCIONES
¡Y ACCIÓN!

Acción 29.– Un paso previo: instalar Wordpress para tu dominio principal

Un paso previo y necesario es instalar Wordpress en tu dominio principal a través de tu proveedor de hosting.

Nuestra recomendación es instalar un modo gestionado para evitar problemas en la instalación, la gestión y la actualización de la versión de Wordpress.

¡Es hora de trabajar en tu Wordpress!

Acción 30.– Esboza y define tu estructura web

¡Dibuja y define tu estructura de web a lápiz! ¡A lo tradicional!

Antes de iniciar tu trabajo en Wordpress te recomiendo que esboces y definas los siguientes aspectos:

- Qué páginas son clave para tu marca.
- Elementos de menú.
- Imágenes necesarias. Procede a seleccionar las imágenes necesarias para tu web e identifica cada imagen con su ubicación.
- Mensajes clave a mostrar, concisos y memorables.
- Contenido e información a contemplar en la web. Nuestra recomendación es que prepares el contenido esencial a mostrar en la web antes de proceder a su construcción; es necesario que puedas ser ágil y eficaz en la construcción.

¿Por qué realizar este paso previo?

Porque es primordial trabajar de una manera ordenada y estructurada para construir tu web sin perder el foco y con las ideas claras de lo que se desea transmitir.

Acción 31.– Utilizar plantillas o no utilizar plantillas: ser o no ser

Definición de plantilla

Es lo que determina y concreta tu página web, es su diseño, la imagen que proyectas al exterior. La plantilla también es conocida como tema, y en el menú de Wordpress lo verás en la zona de apariencia y temas.

¿Por qué utilizar plantillas?

Puedes utilizar plantillas si tu conocimiento de diseño desde 0 es de nivel principiante. En tus primeros pasos con Wordpress la utilización de una plantilla puede servirte como guía de aprendizaje.

La mayoría de las plantillas se pueden personalizar y adaptar; recuerda que debes respetar tu identidad e imagen corporativa.

Personaliza el tema elegido con tu tipografía y colores.

¿Por qué no utilizar plantillas o temas?

Es mi deber ser claro y transparente poniendo en tu conocimiento que las plantillas pueden quedar obsoletas.

Otro punto crítico de las plantillas es que una mayor personalización requiere de plantillas pro y estas son de pago, con lo cual deberás adquirir la plantilla y estar sujeto a las actualizaciones por parte del equipo de desarrolladores que genere la plantilla o el tema.

En consonancia con el punto anterior, tener una plantilla «desactualizada» por parte del desarrollador puede ocasionar problemas de compatibilidad con Wordpress e incluso con los plugins, lo que puede traducirse en problemas a nivel general de rendimiento que pueden afectar a tu posicionamiento.

 Tip.– Dos posibles soluciones.

> Utiliza un constructor visual —lo definiremos a continuación— o trabaja con un equipo de diseño y desarrollo.

Acción 32.– Un constructor visual: siempre actualizado

Definición de constructor visual

Es una herramienta que te permite estructurar tu página web de manera visual y generar un diseño personalizado.

El constructor visual también es conocido como «builder» o maquetador.

Los constructores visuales suelen tener dos versiones: gratuita (funciones limitadas) o pro.

Tipos de constructores visuales

- Elementor.
- Divi.
- Visual Composer.
- WP Page Builder.

Factores clave para elegir un constructor visual

- **Responsive**: es imprescindible que sea responsive y con la capacidad de poder generar una excelente experiencia de usuario.
- **Edición en bloques**: esta es una manera visual y sencilla de aprender a construir nuestra web.
- **Sistema de plantillas**: debe tener una biblioteca de plantillas que puedas adaptar a tus necesidades y que sea tu guía en la creación de tu página.
- **Compatibilidad con plugins y accesorios de Wordpress**: es necesario que revises incompatibilidades con plugins que emplearás, como puede ser Woocommerce.

¡Tu opción elegida es trabajar con un constructor visual!

Una vez has adquirido las nociones básicas y determinas que comenzarás a trabajar con un constructor visual, te recomiendo que previamente tengas definido lo que deseas plasmar, tal como vimos en la acción número 30, y elijas el constructor visual que más se adapte a tus necesidades.

 Tip 1.– Inspírate en la competencia.

Capta tendencias, formas de presentar la información, estructura y diseño.

Tip 2.— Elige tu plantilla.

Una vez seleccionado tu constructor, elige la plantilla o tema (tu guía) para comenzar a construir tu estructura.

 Tip 3.— Revisa en la sección de páginas.

Revisa las páginas generadas tras la instalación de la plantilla, comprueba tu estructura planteada e identifica las páginas necesarias para el diseño y construcción de tu web.

Acción 33.— Tu imagen corporativa: lo tangible y lo intangible. Hablamos de tipografía y color

¡Tiempo para personalizar!

En la antesala: una vez seleccionados tu forma de trabajo, plantilla o constructor visual, y definidas tus páginas clave, es hora de personalizar la plantilla elegida desde el constructor visual.

Escoge una tipografía similar a la de tu identidad corporativa, que previamente ha debido adaptarse e indicarse en el manual de identidad corporativa.

Lo que debes saber sobre la tipografía:

- Una buena tipografía es esencial para que los textos que componen tu web sean legibles.
- La tipografía es una «forma de hablar», comunica por sí sola y forma parte de la imagen corporativa de tu marca. Escoge una tipografía que hable de tu marca, que proyecte tus valores.
- La tipografía es un elemento clave en la estética de tu web.

Acción 34.— Elementos del menú: comienza por la base

¿Recuerdas cuando te hablé de generar la estructura y los elementos que compondrían tu página web?

¡Es hora de darle forma al menú!

Coloca en el menú las páginas clave de tu web y preséntalas de una forma ordenada y estructurada.

Para realizar el menú de tu web debes tener en mente que la navegación tiene que ser la óptima y la que menos clics obligue a hacer a tu usuario.

Un menú representa la forma en que ordenas y das prioridad a tu información. Prioriza y enfoca las páginas clave en el menú.

Acción 35.— Elementos del footer: no te olvides de definir tu última oportunidad

Una definición de andar por casa

El footer es la parte inferior de una web. Puede denominarse también como pie de página.

Define los elementos que integran tu footer, no lo satures con una excesiva colocación de elementos y haz un footer responsive.

 Tip 1.— Sobre el color del footer.

Para hacer que tu footer capte la atención del usuario es recomendable utilizar un color diferente al resto de la página.

¡Ojo! Un color que esté contemplado en tu identidad corporativa.

 Tip 2.— ¿Qué elementos colocar en el footer?

Puedes colocar políticas de privacidad, aviso legal y cookies, canales sociales de la marca, ubicación, horarios de apertura y teléfono de contacto, casos de estudio, etc.

 Tip 3.— ¡Cuidado!

No emplees el footer como una «granja de enlaces», es una práctica negativa que se contempla dentro del «Black Hat Seo».

Acción 36.— Página de inicio: un punto crítico

¡Llegó el momento!

Tu página de inicio es tu tarjeta de presentación. Haciendo un símil es la tarjeta de visita online. La página de inicio es la primera toma de contacto, es la que genera las primeras impresiones, sensaciones y sentimientos del usuario. Desde el primer momento debe captar la atención y hacer que la experiencia de usuario sea inolvidable gracias a un diseño, una navegación y una información amigables.

¿Qué elementos son esenciales en tu página de inicio?

- Imagen o vídeo en la cabecera que atraiga al usuario.
- Breve definición de quién eres, qué solucionas y cómo lo solucionas.
- Banner y CTA (Call to Action o llamada a la acción) para captar la atención del usuario y resaltar información clave.
- Punto de contacto rápido.
- Testimonios reales para transmitir confianza y credibilidad.
- Casos de estudio.

Acción 37.– ¿Y cómo contactar? ¡No te olvides de la página de contacto!

Una página de contacto es esencial para crear un puente de unión entre empresa o marca y usuario.

Es necesario que la página de contacto presente una interfaz amigable, clara y directa.

Elementos clave a colocar en tu página de contacto

- Ubicación de la empresa: puedes insertar un mapa de Google Maps para facilitar el «cómo llegar».
- Horario de apertura.
- Teléfono y mail.
- Formulario de contacto.

¿Por qué tener una página de contacto?

Porque la atención al cliente es esencial para el funcionamiento de cualquier marca o empresa.

La atención al cliente no solo debe proporcionarse en la fase preventa, sino que debe acompañar a tu cliente durante su proceso o ciclo de vida con la empresa.

 Tip 1.– Sobre la experiencia de una correcta atención al cliente.

En el mundo online una mala atención al cliente puede generar una crisis de reputación en redes sociales; el mensaje puede ser viral y afectar negativamente a tu imagen de marca.

Cuando trabajes la atención al cliente no solo debes fijar un proceso de atención preventa o poseer una página de contacto en tu web, sino que debes generar un experiencia en torno a la atención y ayuda a tus clientes actuales.

 Tip 2.— Atención en línea.

Tienes la posibilidad de implantar atención online en tu página web; recuerda los conceptos de inmediatez y rapidez.

Puedes estructurar un servicio de atención al cliente que gire en torno a la página de contacto y a un chat en línea; adelántate a las necesidades de tu cliente y ofrece soluciones de contacto.

Complementa tu página de contacto y genera diversos puntos de atención al cliente, como los canales sociales y la propia web.

Acción 38.— Tú, tu equipo, valores: habla de lo que eres capaz de solucionar

Genera una página donde muestres quién eres y refleja tus valores a través de una potente presentación de equipo.

Puntos clave que deberás reflejar cuando hables de tu marca, empresa o servicio:

- Misión.
- Visión.
- Valores corporativos.
- La solución o beneficio que aportas a tu cliente potencial. Este apartado es clave para persuadir y captar la atención del visitante en el momento oportuno. La llave está en hablar sobre la solución, es decir, incidir en su punto de dolor, pero resolviendo de manera inmediata su problema.
- Llamada a la acción.

 Tip 1.— Tu equipo humano.

¡No olvides a tu equipo humano!

Una parte esencial en tu éxito y un elemento clave de la imagen corporativa es tu equipo humano. En esta página dentro de tu web debes mostrar a tu equipo humano, ya que esto aporta cercanía y credibilidad.

Tip 2.— Sobre la estructura de tu página.

Estructura ideal para la página:

- Presentación de la empresa.
- Misión, visión y valores corporativos.
- Hitos y experiencia.
- La «solución».
- Equipo humano.

Acción 39.— El contenido es el rey: define tu página de blog

El contenido es primordial para posicionar tu empresa, es un elemento para demostrar la experiencia, el conocimiento y para diferenciarte de la competencia.

Es necesario que en la construcción de tu página web coloques una página específica para el blog. Así, en las diferentes entradas podrás gestionar el contenido que irás generando y creando para posicionarte frente a la competencia

Te recomiendo un diseño de blog intuitivo y con una interfaz amigable además de responsive. Recuerda que se podrá visitar desde diferentes dispositivos y has de generar una correcta experiencia de usuario.

 Tip 1.— ¿Y si trabajo con un tema o plantilla?

Si trabajas con un tema o plantilla tendrás a tu disposición diferentes diseños para el blog. Escoge el diseño que se adapte a tus necesidades, pero sin olvidar que ha de ser perfectamente entendible y legible.

 Tip 2.— ¿Y si trabajo con un constructor visual?

Dentro del constructor visual dispondrás de varias opciones de diseño para tu blog. Lo fundamental es que siempre sea responsive.

Acción 40.— Página de productos o servicios: lo esencial

Para la creación de la página de producto o servicio céntrate en lo decisivo. El objetivo es mostrar la solución y generar una página satisfactoria desde el primer instante en que eres elegido como la opción para cubrir la necesidad de tu cliente.

Si esta página es una tienda online deberás trabajar la imagen de tus productos, la descripción con los puntos clave y las valoraciones o reseñas.

 Tip 1.— Muestra recomendaciones en tus productos.

Imagina que tu producto es una mermelada gourmet de mango y nueces. Para conquistar a través de las palabras muestra las posibilidades de utilizar la mermelada con diferentes platos.

 Tip 2.— Si tu producto es comestible, muestra platos montados para generar deseo y necesidad.

 Tip 3.— Si tu producto es digital —por ejemplo, un software—, da la opción de demo, casos prácticos y de éxito o un ebook donde puedas mostrar las capacidades del producto digital.

 Tip 4.— Revisa cómo se visualiza tu página de producto en diferentes dispositivos y adapta la navegación a cada uno de ellos.

Acción 41.— Una página de ayuda: preguntas y respuestas

En ocasiones hay preguntas frecuentes o dudas que pueden ser resueltas de manera inmediata, generando una excelente experiencia en el usuario.

Te recomiendo elaborar una página con las preguntas y dudas más frecuentes de tus actuales y potenciales clientes para resolver de manera inmediata la posible consulta; es un movimiento de anticipación y agilidad.

¿Cuál es el objetivo de una página FAQs?

Convencer a los clientes, consumidores o usuarios dubitativos.

¡Crea tu página de FAQs!

 Tip 1.— En la página de preguntas y respuestas puedes colocar un CTA para enviar un correo electrónico si se da el caso de que las FAQs no puedan resolver la consulta del usuario.

 Tip 2.— Mostrar la posibilidad de chat en línea o soporte de atención al cliente.

 Tip 3.— Otras posibilidades de contacto: muestra el correo o la solicitud de una llamada en la página de FAQs.

Tip 4.— Renueva tu página de FAQs según las preguntas y dudas más recurrentes.

 Bola extra 1.— Cuáles son las preguntas frecuentes más habituales: si tienes una tienda online.

- Tiempo de entrega.
- Devoluciones.
- Formas de pago.
- Cómo realizar la compra.

 Bola extra 2.— Cuáles son las preguntas frecuentes más habituales: si tienes un producto digital.

- Qué problemas resuelve.
- Cómo se puede integrar en el proceso operativo de la empresa.

Acción 42.— ¡Hora de la página de política de privacidad, cookies y aviso legal!

Política de privacidad: es una página que refleja un documento legal donde el titular de la web debe informar a sus usuarios o clientes sobre los datos que recopila la web, medios (herramientas) que se emplean para la recogida de datos y el tratamiento que se les dará a los datos recogidos.

Cookies: es un fichero de datos que un ordenador envía a la página que está visitando en ese momento. Es obligatorio informar al usuario de la utilización de las cookies y cumplir el RGPD (Reglamento General de Protección de Datos).

Aviso legal: es una página en la que se encuentra la información legal de la página web.

Crea y genera tus textos legales para tu página web. Te recomiendo localizar los textos legales en el footer.

 Tip 1.— Objetivo y misión de los textos legales.

Garantizar una experiencia de navegación segura a los visitantes.

Tip 2.— Normativas que regulan una página web.

Es un tip «muy formal» pero te ayudará a conocer e identificar las regulaciones obligatorias en una página web, que dan fundamento a los textos legales que deberás realizar para cumplir con los requisitos legales.

- RGPD: Reglamento General de Protección de Datos.
- LOPDGDD: Ley Orgánica de Protección de Datos y Garantía de Derechos Digitales.
- LSSI - CE: Ley de Servicios de la Sociedad de la Información y de Comercio Electrónico.
- Ley General para la Defensa de los Consumidores y Usuarios.

 Tip 3.— Sobre el tipo de web y el tipo de actividad.

Debes saber que hay diferentes normativas para la conformación de los textos legales de una página web. En el tip 2 te he hablado de 4 normativas obligatorias, pero dependiendo del tipo de web y de la actividad que desarrolles, deberás revisar qué de normativa o regulación tienes que contemplar en tus textos legales.

Acción 43.— Google Analytics: la necesidad de medir

Integra Google Analytics en tu sitio web. Necesitas conocer datos como el número de usuarios, el tipo de usuario (recurrente o nuevo visitante), el tiempo de permanencia en la web, la tasa de rebote o el comportamiento del usuario.

 Tip 1.— Plugins para integrar Analytics.

Plugins que pueden ayudarte a integrar Analytics para examinar todos tus datos.

- **MonsterInsights:** es un plugin totalmente de pago, pero es una herramienta poderosa para conocer, extraer y analizar todo tipo de datos de tu web.
- **ExactMetrics:** es un plugin que ofrece una versión lite (gratuita y con funciones limitadas) y una de pago. Con la versión lite podrás incorporar Google Analytics y tener un dashboard de datos en tu Wordpress.

¡Hablamos de elementos que no deben faltar!: el mundo de los plugins.

Qué son

Son herramientas o programas que, una vez instalados en tu Wordpress, tienen la capacidad de ampliar una funcionalidad u obtener una extra.

Conociendo los plugins: curiosidades

- Son programados en PHP.
- Emplean HTML, hojas de estilo CSS y Javascript para hacer una interfaz visible a un usuario.

Tip 2.— ¡No satures tu sitio web de plugins!

Más no es mejor, tener un exceso de plugins «no necesarios» en tu web puede generar problemas de espacio, carga o mal funcionamiento por duplicidad.

Selecciona e identifica los plugins necesarios para tu web.

Acción 44.— Plugin de seguridad: por qué tenerlo

Sobre todo para detener amenazas. Es necesario proteger tu página web para evitar que se generen problemas de confianza y estabilidad del sitio web.

Wordpress ya cuenta con seguridad por defecto, pero te recomiendo mejorar las funcionalidades presentes.

¿Qué pueden aportar los plugins de seguridad?

- Cortafuegos.
- Fortalecer la seguridad.
- Listas de bloqueo.
- Protección contra ataques de fuerza bruta.
- Escaneo de malware y archivos.
- Notificaciones de alertas de seguridad. Por ejemplo, una notificación de cambio de archivos o bloqueo de usuarios por reiterados accesos erróneos.

Tip.— Plugins de seguridad. Algunos plugins que podrán ayudarte a mejorar e incrementar la seguridad de tu sitio web.

Recomendación: analiza tus necesidades y elige los imprescindible.

- Protección completa del sitio web:
  ‣ iThemes Security.
  ‣ All in One Wp Security & Firewall.
- Escaneo de malware y virus:
  ‣ Security & Malware Scan by CleanTalk.
- Prevención contra spam y bots:
  ‣ Akismet Anti-Spam.
  ‣ Spam protection, anti-spam firewall by CleanTalk.
- Realización de copias de seguridad:
  ‣ VaultPress

Acción 45.– Hablamos de posicionamiento: plugin SEO

¿Qué es un plugin de SEO y para qué sirve?

Un plugin para SEO te ayuda en la optimización de las páginas de tu sitio web.

Optimizar tus páginas te permite posicionarte en los motores de búsqueda.

Te recomiendo utilizar un plugin de SEO para optimizar al máximo tus páginas y dar sentido al contenido que reflejas en tu web para posicionarte frente a tu competencia.

Sugerencia: no emplees más de 2 plugins para tu SEO. Esto puede dar lugar a errores o problemas de incompatibilidad entre los plugins.

Plugins recomendados y algunas claves

- Yoast SEO.
  ‣ Detección de contenido duplicado.
  ‣ Excelente soporte y actualización cada 2 semanas.
  ‣ Palabras clave, meta descripción, legibilidad de contenido.
- Rank Math SEO.
  ‣ 40 factores SEO para el análisis de post, páginas y productos.
  ‣ Soporte para Rich Snippets.
  ‣ Módulo XML. Sitemap.
  ‣ Compatibilidad con Open Graph.
- The SEO Framework.
  ‣ Extensión para SEO local.
  ‣ Extensión de spam de comentarios.
  ‣ Ajustes de SEO preconfigurados.

Acción 46.— La caché: por qué tener un plugin para la caché

La caché en Wordpress, es decir, en tu sitio web, es el lugar donde se almacena el contenido y es fundamental para mostrarlo de manera más rápida al usuario.

¿Qué se puede encontrar en la caché?

- Archivos HTML.
- Javascript.
- CSS.
- Multimedia (imágenes, vídeos).

¿Por qué tener un plugin para la caché?

- Para mejorar tu velocidad de carga. Recuerda que es un factor fundamental para el posicionamiento SEO y Google penaliza aquellas páginas que no tienen una velocidad adecuada.
  - ‣ Dato: el 25% de los usuarios abandonan una web cuya carga sea superior a los 4 segundos.
- Para evitar caídas y errores 502. Si sufres este tipo de incidencias afectará negativamente a tu SEO y a la experiencia de tu usuario, pudiendo influir en las conversiones.

Te recomiendo activar tu caché para optimizar el funcionamiento de tu página y hacer que la experiencia de usuario sea óptima.

Recomendación de plugins

- W3 Total Cache Wordpress.
- WP Rocket Wordpress Caching.
- Cache Enabler Wordpress.

 Tip.— Sobre proveedores de hosting y la caché.

Algunos proveedores de hosting proporcionan mejoras de la caché, con lo cual no es recomendable la utilización de un plugin de caché porque podría comprometer la funcionalidad del sitio web.

Acción 47.— Respalda tu Wordpress: copias de seguridad

Realiza copias de seguridad de tu sitio web a diario; es necesario ante cualquier incidencia técnica.

Plugins recomendados para copias de seguridad

- WP Time Capsule.
  - ‣ Backups y restauraciones.
  - ‣ Reducción de gastos de almacenamiento.
  - ‣ Funcionalidad para entorno de pruebas.
- VaultPress.
  - ‣ Backups diarios automatizados y restauraciones.
  - ‣ Integrado con Jetpack.
  - ‣ Monitoreo en tiempo real y protección contra ataques directos.

 Tip. — Tu proveedor de hosting.

En ocasiones tu proveedor de hosting tiene la opción de copias de seguridad y no tendrás necesidad de instalar un plugin en tu sitio web.

Acción 48.— Cumpliendo las políticas: plugin para políticas de privacidad, aviso legal y cookies

¡Volvemos la vista atrás! En la acción 42 te hablé de la necesidad y obligatoriedad de cumplir con los requisitos legales.

¡Hora de recomendar plugins para cumplir los requisitos legales!

- WP GDPR Compliance
  - ‣ Te ayudará a generar las políticas de cookies, privacidad y aviso legal.
  - ‣ Es un plugin indicado para todo tipo de web: puede ser una web corporativa, un blog personal o una web de comercio electrónico (recuerda el tip 3 de la acción 42).
- Ultimate GDPR Compliance Toolkit for Wordpress
  - ‣ Es un plugin 100% de pago.
  - ‣ Encripta los datos de los usuarios y si hay una filtración se notifica del problema al usuario.
- Protección de datos - RGPD
  - ‣ Es un plugin gratuito.
  - ‣ Genera los textos legales.

Acción 49.– Email marketing: suscripción al blog

En capítulos posteriores hablaremos del email marketing. Por ahora, veamos qué es y por qué es necesario.

Qué es el email marketing

Es el envío de correos electrónicos a una base de datos donde se encuentran tus clientes actuales o potenciales.

El email marketing forma parte de la estrategia digital.

Acción 50.– Las métricas, no olvides las métricas

Lo que no se mide no se puede mejorar. Las métricas le dan valor y sentido al trabajo en tu web e indican el desempeño de cada página, entrada de blog o formulario.

Es necesario que integres en tu web Google Analytics u otro tipo de herramienta/plugin para evaluar el desempeño de tu web conociendo hasta el más mínimo detalle.

Si no sabes integrar Google Analytics como hablamos en la acción 43, te puedo recomendar varios plugins y herramientas asociadas:

- **Metricool:** existe versión gratuita y de pago, dependiendo de las capacidades para la gestión de redes sociales. Se puede integrar la analítica web. Tienen un plugin para realizar la integración.
- **Yoast SEO.**
- **Kissmetric.**

¿Por qué es necesario medir en web?

- Conocer el desempeño de tu web.
- Analizar el rendimiento a nivel general y específico de la web.
- Optimizar.
- Evaluar e identificar para diseñar una estrategia de web óptima.
- Lanzar y optimizar campañas publicitarias.

Acción 51.– Sin faltas de ortografía

¡Cuida tu ortografía! Es esencial que cuides y revises la ortografía de tu web. Un contenido con faltas de ortografía o mala redacción no genera confianza, se resiente la imagen de marca y pierde profesionalidad.

Te recomiendo que revises cada texto de tu web y, antes de lanzarla, realices una evaluación de tu contenido.

Acción 52.– No olvides tu imagen corporativa: imágenes adaptadas y de calidad

¡Elementos intangibles! ¿Los recuerdas? Lo intangible influye en la percepción y valor de la marca. En esta acción te hablo de las imágenes que componen tu sitio web.

Adapta las imágenes según tus necesidades, trabaja con imágenes de calidad y revisa su visionado en diferentes formatos: tablets, móviles y ordenadores.

¿Qué programas utilizar para adaptar imágenes?

- Canva.
- Adobe.
- Crello.

¿Por qué es necesario adaptar las imágenes?

- Credibilidad, confianza hacia la marca, es decir, proyección externa de profesionalidad.
- Imagen corporativa.
- Prestigio como marca consolidada.

 Tip.– Optimización de imágenes.

No solo debemos adaptar las imágenes al tamaño adecuado en píxeles, sino que también debemos optimizar su tamaño o «peso» de archivo para evitar que se ralentice la web.

Plugins para optimizar las imágenes:

- WP Optimize.
- Smush.
- Imagify.

Acción 53.– Testimonios reales: confianza y credibilidad

Los testimonios constituyen un elemento de atracción para usuarios indecisos. Además, aportan credibilidad y seguridad a clientes actuales, así como a potenciales.

Te recomiendo utilizar testimonios, ya sean tanto escritos como en vídeo.

No olvides cuidar de tus reseñas en Google, así como en cualquier otro tipo de web donde aparezca tu negocio o marca (por ejemplo, un restaurante en Tripadvisor).

Plugins para recomendaciones (para temas o plantillas sin funcionalidades).

- Starfish Reviews.
- WP Customer Reviews.
- Google Reviews Widget: recopila las reseña de Google y funciona como un widget.

¿Por qué colocar reseñas en tu sitio web?

- Retroalimentación entre cliente y marca. Crea lazos de unión.
- Capacidad para convertir.
- Transparencia.

 Tip 1.– Tras una compra, una recomendación.

Si tu web es un ecommerce (tienda online), recuerda enviar, tras cada entrega satisfactoria, un mail de agradecimiento y facilita al consumidor-cliente la forma de que pueda evaluar los productos adquiridos.

 Tip 2.– Si eres un infoproducto, un vídeo.

Si tu web está construida partiendo de un infoproducto, pide un testimonio escrito o en vídeo.

Acción 54.– Llamadas a la acción: los CTA

¿Qué es una llamada a la acción?

Es una indicación que invita al usuario a realizar una acción específica.

Puede ser un texto (botón) o una imagen que capta la atención.

Tips para crear un CTA

- Emplea colores que capten la atención del usuario, recuerda la recomendación del libro Psicología del color y respeta tu identidad corporativa.
- Utiliza números: provocan un impacto en quienes los visualizan.
- No excedas los 140 caracteres, sé conciso y claro.

Te recomiendo generar CTA que puedan convertir a tu usuarios: CTA que te permitan captar la atención, atrapar y convertir.

Plugins para realizar CTA

- OptinMonster.
- Icegram.
- Bloom.

Acción 55.– Banner para romper

¿Qué es un banner?

Es una imagen que destaca un producto o información reseñable para captar la atención de un visitante.

Recomiendo la creación de una pieza visual para el lanzamiento de un producto, un nuevo servicio o un caso de estudio.

Puedes insertar el banner una vez se acceda a la web y en cada nueva visita.

Acción 56.– Casos reales y de estudio

Si tienes un infoproducto u otro producto digital, como puede ser una herramienta para redes sociales, puedes mostrar casos reales de aplicación y su resultado como un elemento clave para la conversión de leads o captación.

Los casos de estudio pueden ayudarte a generar repercusión, posicionamiento y notoriedad en tu sector.

Acción 57.— ¡Responsive! Comprueba que tu página se adapta a dispositivos móviles

¡No olvides que debes realizar una página web responsive!

Todos y cada uno de los elementos que componen tu página web deben adaptarse a los diferentes dispositivos.

Una página responsive es vital para una excelente experiencia de usuario.

Para comprobar si tu página es responsive deberás visitar la siguiente URL:

Prueba de Optimización de Google

https://search.google.com/test/mobile-friendly

Acción 58.— ¡La velocidad! Comprueba la velocidad de tu página

Recuerda que la velocidad es uno de los pilares esenciales para que el usuario sea captado por tu marca o empresa.

La velocidad de carga de una web nunca debe sobrepasar los 4 segundos.

Herramientas para comprobar la velocidad de una página

- PageSpeed.
- GTMetrix.

Para analizar los resultados te recomendamos contar con un desarrollador que pueda guiarte en este aspecto. En ocasiones es necesario tener un conocimiento más amplio y profundo sobre temas más técnicos.

Acción 59.– Mantén tu Wordpress y tus plugins actualizados

Por seguridad y estabilidad de tu web te recomiendo mantener los plugins, además de Wordpress, actualizados.

¡Ojo!

 Tip 1.– ¡Respalda!

Antes de realizar una actualización ejecuta un respaldo o copia de seguridad para prevenir cualquier incidencia técnica.

 Tip 2.– Si tienes un tema o plantilla...

Si tienes un tema o plantilla instalado en tu Wordpress, comprueba que es compatible con la nueva actualización.

 Tip 3.– Compatibilidad de plugins

Revisa la compatibilidad de los plugins con el nuevo Wordpress antes de realizar su actualización para evitar problemas técnicos.

Si no actualizas tu Wordpress o tus plugins cuando es necesario, puedes tener errores o problemas técnicos que afecten al conjunto de la web, desde líneas de código rotas a problemas de visualización.

5

CONTENIDO

LA LLAVE

En la era digital actual, el contenido es uno de los elementos más importantes para cualquier estrategia de marketing online efectiva. El contenido puede ser cualquier cosa, desde publicaciones en blogs y vídeos hasta infografías y redes sociales, y es una forma crucial de conectarte con tu audiencia y aumentar tu visibilidad online.

Se trata de algo esencial para generar tráfico a tu sitio web. La creación y distribución de contenido valioso y relevante puede atraer a los usuarios a tu sitio web y aumentar su visibilidad en los motores de búsqueda. Esto es especialmente importante para los sitios web nuevos o los que no tienen una gran presencia online. Cuanto más contenido tengas en tu sitio web, más oportunidades tendrás de ser descubierto por tu audiencia.

También es fundamental para establecer tu autoridad en tu sector. Al crear contenido de calidad, puedes demostrar tu experiencia y conocimientos en tu campo y establecer tu marca como una fuente confiable de información. Esto puede ayudarte a ganar la confianza de tu audiencia y a establecer una relación duradera con ellos.

Además, puede reforzar tus esfuerzos de SEO. Los motores de búsqueda valoran el contenido original y de calidad, y lo utilizan como un factor para determinar el ranking de tu sitio web en los resultados de búsqueda. Si deseas mejorar tu clasificación en los motores de búsqueda, debes crear contenido de calidad y asegurarte de que esté optimizado para los motores de búsqueda.

El contenido también es importante para construir y mantener una relación con tu audiencia. Al compartir contenido valioso y relevante, puedes mantener a tu audiencia interesada y comprometida con tu marca. Esto puede ayudarte a generar más tráfico a tu sitio web, a aumentar sus ventas y a mejorar la fidelidad de los clientes.

Acción 60. – Estrategia de contenido: planifica

El contenido es la llave para captar la atención del usuario, el elemento clave para el posicionamiento, reconocimiento y notoriedad, pero es vital realizar una planificación del mismo.

Preguntas que debes hacerte antes de generar tu estrategia de contenido

- ¿En qué eres experto?
- ¿Qué quieres comunicar en tu contenido? ¿Qué aportarás?
- ¿Cómo será la difusión de tu contenido?
- ¿Cómo medir la eficacia de tu contenido?

¿Qué es la estrategia de contenido?

Es la gestión, el desarrollo, la distribución y la medición del contenido creado por la marca.

Etapas para la estrategia de contenido

- **Planificación:** es la etapa de análisis, investigación y planteamiento de qué objetivos se quieren lograr con la creación de contenidos. En esta etapa te recomiendo que establezcas las métricas clave para la evaluación de tu contenido, la forma de distribución (canales de difusión), las palabras clave a utilizar en tu contenido, las categorías y el tono de comunicación.
- **Buyer persona:** estudia, analiza e investiga para quién escribes y sabrás dónde lee, cómo lee y qué le gustaría obtener de tus contenidos.
- **Creación y optimización de contenido:** establece un calendario y herramientas para la creación del contenido.

- **Distribución de contenidos:** canales, optimización de mensajes en los canales para hacer atractivo el contenido, imágenes adaptadas a cada canal, etc.
- **Análisis de resultados.** ¡Hora de las métricas! Evalúa la eficacia de tu contenido y mejora en los puntos débiles.

 Tip. — ¡No hagas por hacer!

No crees contenido por tendencia o por inercia. Analiza a tu audiencia, aprende de tus competidores y crea el contenido perfecto para tu marca.

Si no planificas, perderás el control y la capacidad de crear y generar contenido adecuado para tu marca o empresa.

Acción 61.— Adapta tu contenido a tu cliente: no hagas por hacer

En la acción 60 te he hablado del buyer persona y la necesidad de investigar, analizar y conocer a quienes son capaces de enamorarse de tu marca y consumir tus contenidos.

Es necesario que adaptes tu contenido a tu target objetivo o a los distintos segmentos de tu marca.

¿Qué es el buyer persona?

Es la representación «semificticia» de tu cliente ideal. Con esta técnica podrás profundizar en quién es, dónde busca información, qué busca y qué capta su atención.

Una diferencia que debes conocer: buyer persona vs target

El target o público objetivo es una definición más abstracta y generalizada del cliente o consumidor de la marca o empresa.

Un buyer persona permite ir al grano, etiquetar y definir a una parte de nuestro target para la creación de contenido personalizado.

Ejemplo: la realización de diferentes landings de una marca de coches, que se adaptarán al cliente que visitará la web.

¡Adaptamos el contenido!

Tipos de buyer persona: definirlos para conocer sus capacidades e influencia

- **Buyer persona decisor.** Es el que toma la decisión final de compra.
- **Buyer persona prescriptor.** Es la persona que tiene cierta influencia en la compra, pero no utilizará el servicio ni consumirá el producto. Es una persona que recomienda. Ejemplo en lo digital: plataforma Tripadvisor: te muestra recomendaciones adaptadas a ti.
- **Buyer persona influenciador.** Influye positivamente o negativamente en la adquisición del producto. Ejemplo: un embajador de una marca de proteínas o un influencer.
- **Buyer persona negativo.** Son personas que pueden consumir tu contenido, pero nunca llegan a realizar la acción.

¡Conoce a tu buyer persona, en qué momento de compra está y adapta tu contenido!

Acción 62.– El contenido que viaja en los canales sociales

Tu contenido debe ser difundido para captar la atención y conseguir notoriedad, repercusión y que los canales sociales sean el hilo conductor del mensaje de la marca.

Te recomiendo que estudies cada uno de tus canales sociales y las características intrínsecas a cada uno de ellos para adaptar el contenido al canal social.

 Tip.– ¡Adapta el contenido!

Adapta copy, analiza hashtags, estudia el comportamiento de cada red, qué tipo de contenido es más destacado e investiga cómo se comportan tus usuarios, consumidores o clientes en cada una de las redes sociales.

Acción 63.– ¿Qué tipos de contenido puedo realizar? Hablamos de tipologías

Hay diversas tipologías de contenido que pueden ayudarte a difundir el mensaje de lo que creas, pero es necesario que cada tipo de contenido sea adaptado a cada red social.

Formatos de contenido

- Escrito: posts, noticias.
- Audiovisual: vídeos, podcasts.

Tipos de contenido que puedes generar en redes sociales:

- Infografías.
- Casos de estudio e insights.
- Vídeos.
- Posts y noticias.
- Podcasts.
- Directos.

 Tip 1.— Tu capacidad para generar contenido.

Antes de poder abordar la totalidad de contenidos que puedes realizar, debes tener en cuenta la capacidad que posees para generar el contenido.

 Tip 2.— La constancia.

Constancia, perseverancia y análisis son necesarios para una correcta estrategia de contenido.

 Tip 3.— Las tendencias en la generación del contenido.

Las tendencias de contenido pueden ayudarte a aumentar tu repercusión, pero siempre te recomiendo que analices si es lo idóneo o no para tu marca. Piensa en qué puede ayudarte y cómo podrás gestionarlo y medirlo posteriormente para determinar su eficacia.

¡Sé estratega!

Acción 64.— Imágenes para tu contenido que impacten

Uno de los tipos de contenido más recurrente son las imágenes. Por todos es sabido que una imagen vale más que mil palabras. Mi recomendación es que utilices imágenes potentes cuando así lo requiera tu contenido y, lo más importante, adaptadas a cada uno de tus canales sociales.

 Tip 1.— ¡Bancos para imágenes!

- Pexels.
- Pixabay.

Tip 2.— Las imágenes para tu tienda online.

Si tienes una tienda online es clave que las imágenes de tu producto sean únicas y no generales del proveedor.

Te recomiendo que las imágenes que muestres en tu tienda online sean una experiencia y una llamada a la acción para el cliente potencial.

Acción 65.— No solo tendencias: estudia, investiga y analiza

Las tendencias nos ayudan a saber qué tipo de contenido impacta y por qué impacta a los usuarios a través de los canales sociales.

Adoptar una tendencia sin una investigación previa puede provocar que tu marca pierda foco o genere confusión en las redes sociales, perdiendo el poder con que es percibida.

Cuando observes una tendencia, analiza y encuentra el hilo conductor para poder adoptar y generar contenido relacionado con ella y que, a la vez, sea coherente con tu imagen de marca.

Acción 66.— Mide y aprende: retroalimentación de tu esfera digital

Define tus métricas clave, no te quedes en la superficie, y recuerda: más seguidores no es sinónimo de ventas o leads, más no es mejor, mejor es obtener los resultados marcados en el inicio de tu plan y en la estrategia de contenido.

Mide cada acción. Como ya hemos visto anteriormente: «Mide y vencerás». Lo que no se mide no se puede conocer; si un resultado no tiene significado, no podrás actuar en consecuencia.

 Tip.— Sobre la medición.

Las redes sociales no actúan como islotes, sino que son una sintonía perfecta para conocer el rendimiento general de la marca en la esfera digital.

Une cada red social en su medición, compara y ve más allá para entender los datos.

Acción 67.– No seas plano: innova, añade varios formatos

En tu estrategia de contenido contempla varios formatos para difundir el contenido y que sea apetecible, de valor y con alto grado de aprendizaje, así como de conocimiento.

No te pido que elabores día a día contenido de tendencia, sino que seas capaz de generar múltiples formatos para comunicar y llegar a tu target, audiencia o cliente potencial.

Acción 68.– Fuentes de inspiración: competencia y de terceros

Presta atención a tus competidores y terceros de tu sector para obtener fuentes de inspiración para la creación y generación de contenido.

Para generar nuevos puentes, notoriedad o conocimiento por parte de tu target, recomiendo incorporar en tu estrategia el hecho de compartir contenido de terceros relacionado con tu actividad. De esta manera, podrás alcanzar impresiones y llegar a perfiles de interés para crear engagement, además de hacer crecer la comunidad.

Acción 69.– Tu comunidad como parte del contenido

¡Haz que tu comunidad forme parte de la creación y generación de tu contenido!

Estamos ante un público que se integra dentro de la marca, que es capaz de crear contenido y evangelizar marcas debido al sentimiento de pertenencia; dales alas, pero bajo un concepto: no perder el control de la marca.

Crea y haz crecer a los embajadores de tu marca para difundirla; los embajadores de marca generarán contenido fiel a tu marca y a tus valores.

Piensa que tu marca ha de ser moldeable como la arcilla.

6

TU BLOG

UN RINCÓN DIGITAL

Un blog es un sitio web o una sección de un sitio web que se actualiza regularmente con contenido nuevo en forma de artículos o publicaciones. Los blogs pueden ser creados y mantenidos por personas, empresas, organizaciones u otros tipos de entidades. Sus artículos o publicaciones a menudo se centran en temas específicos y se escriben en un estilo más informal que otros tipos de contenido.

Es importante para una estrategia de marketing digital por varias razones. En primer lugar, un blog puede ser una herramienta efectiva para atraer tráfico a tu sitio web. Al crear contenido valioso y relevante en tu blog, puedes atraer a usuarios a tu sitio web a través de motores de búsqueda, redes sociales y otros canales.

Otra razón por la que un blog es importante para una estrategia de marketing digital es que puede ayudar a impulsar tus esfuerzos de SEO. Los motores de búsqueda valoran el contenido fresco y de calidad, y un blog te brinda una plataforma para crear y publicar contenido nuevo de manera regular. Esto puede mejorar tu clasificación en los resultados de búsqueda y aumentar tu visibilidad en línea.

Por último, puede ser una herramienta efectiva para construir y mantener relaciones duraderas con tu audiencia. Al compartir contenido valioso y relevante, puedes mantener a tu audiencia comprometida e interesada en tu marca. Esto puede generar más tráfico hacia tu sitio web, aumentar tus ventas y mejorar la fidelidad de tus clientes.

ACCIONES

¡Y ACCIÓN!

Acción 70.– ¿Por qué crear un blog?

Un blog es un elemento esencial para obtener notoriedad, posicionamiento y repercusión en un sector.

El contenido del blog es la piedra angular que debe alimentar la web y los canales sociales de la marca.

Razones para crear un blog

- Fidelización a través del contenido y generación de visitas para captar leads e incrementar las posibilidades.
- Notoriedad, prestigio en tu sector y frente a la competencia.
- Contenido capaz de ser compartido en redes sociales, apoyo para conectar con la marca o empresa.
- Posicionamiento en buscadores (para ello es necesario generar contenido de calidad y valor).

 Tip 1.– ¡Planifica!

Planifica y determina tus objetivos del blog. ¡A lo loco no!

 Tip 2.– Cuándo publicar: determina el tiempo.

Es necesario planificar y determinar cuándo vas a publicar además de analizar el comportamiento del tráfico para ajustar y optimizar.

¡Perseverancia, virtud necesaria!

Acción 71.– ¿Qué contenido generar en el blog?

Puedes generar contenido diverso que ayude a posicionar tu marca y que aporte calidad a tu web o blog.

- Noticias relevantes y de interés de la empresa que hayan de ser comunicadas para informar sobre evolución o novedades. Ayudarán a la transparencia y la credibilidad.
- Casos de estudio e insights que permitan obtener notoriedad, posicionamiento y captar leads para una posterior conversión.
- Entradas, posts o artículos sobre temáticas de interés, pero siempre relacionadas con la empresa, para repercusión y difusión.

Analiza la evolución de cada contenido, mide su influencia en tu web y su capacidad de generar leads y de ser compartido en la esfera digital.

Acción 72.– Categorías y etiquetas del blog

Categoriza tu contenido y coloca etiquetas en cada entrada, caso de estudio o noticias, para una búsqueda rápida y eficaz por parte de cada usuario que visite tu blog o web.

¡No generes etiquetas por generar, sino con las palabras clave de búsqueda de tu contenido!

¿Por qué generar categorías para el blog?

- Organiza el contenido, manteniendo una estructura limpia y ordenada.
- Facilita la navegación del usuario.
- Ayuda al usuario a encontrar artículos de la misma temática.

¿Son lo mismo categorías y etiquetas?

¡No son lo mismo! Las categorías te ayudan a estructurar el contenido, mientras que las etiquetas definen lo que se presenta en el contenido. Las etiquetas pueden contribuir a colocar las palabras clave que favorecerán el posicionamiento en los buscadores

Recomendaciones para generar categorías

- Analiza las categorías esenciales para tu blog, intenta no ser generalista, porque no aporta valor. Profundiza en la generación de categorías.

- Las categorías deben estar relacionadas con lo que generas, creas y eres.
- Genera categorías entendibles por parte de los usuarios o visitantes.
- Elimina las categorías que se muestran por defecto.

 Tip 1.— Solo una categoría por artículo.

Te recomiendo que cuando realices un artículo lo coloques en la categoría que defina por completo sobre qué trata el contenido.

 Tip 2.— Emplea las etiquetas.

Emplea etiquetas que sirvan para posicionar el contenido y ayuden en la navegación del usuario.

Acción 73.— SEO: imprescindible

Hacer SEO para el blog es generar contenido optimizado para posicionar en los motores de búsqueda.

¿Por qué es necesario el SEO para el blog?

- Para generar tráfico hacia la web.
- Para ganar notoriedad y posicionamiento.

Elementos clave para el SEO

- **Palabra clave.** La palabra clave o keyword deberá estar presente en el post que crees para tu blog. La palabra clave es aquella por la cual el usuario o lector te buscará a través de los motores de búsqueda.
- **Análisis de intención de búsqueda del post: estudia e investiga.** Necesitas saber la intención de búsqueda y para ello deberás analizar los resultados para una palabra clave y ver qué resultados arroja Google. Recuerda que mostrará los contenidos más relevantes para el usuario.
- **Formato en que presentarás el post.** Analiza, según el comportamiento de tus usuarios y tu competencia, los formatos con más fuerza para poder realizar un post que aporte un contenido de gran valor. Investiga en qué formatos flaquea la competencia y ve un paso más allá.
- **Estructura del post.** Estructura tu título, subtítulos, palabras clave o keywords para tener claro el desarrollo del post.

¡Hora de escribir el post!

 Tip.— Optimiza tu post.

- Utiliza la palabra clave o keyword en el título. Mejor al principio del mismo.
- Título corto, clave y directo.
- Realiza una meta description (descripción) atractiva y que invite a leer post, incluye la palabra clave.
- Optimiza las imágenes: descripción de tu imagen, uso del texto alt y compresión para que no influya negativamente en el rendimiento de la web a la hora de cargar el contenido.
- Añade enlaces internos que aporten valor al contenido.
- Crea una URL amigable.

Acción 74.– Las imágenes para tu blog

Las imágenes deben impactar para captar la atención del usuario o lector, y se deben optimizar para un rendimiento adecuado en la carga del contenido y de la web. Como te hablé en la acción 73, debes optimizar las imágenes en 3 sentidos:

- Nombre de la propia imagen.
- ALT: texto descriptivo de la imagen que ayudará a personas con discapacidad visual.
- Comprimir la imagen para no influir negativamente en el rendimiento.

Recordatorio

- ¿Dónde encontrar imágenes para el blog?
  - ‣ Pexels.
  - ‣ Pixabay.
  - ‣ Freepik.
- ¿Cómo puedo adaptar o generar creatividades para el blog?
  - ‣ Canva.
  - ‣ Crello.

Acción 75.– Títulos, descripciones y extensión recomendada

El título, el subtítulo y la descripción son elementos clave para la optimización de los posts y esenciales para el SEO.

En la acción 73 te hablé de los elementos clave para el SEO de cada uno de los posts de tu blog. Es el momento de que trabajes los siguientes aspectos:

- **Título:** debe contener la palabra clave, pero tiene que ser conciso, claro y corto para que pueda leerse de un vistazo en el resultado que se muestre en el motor de búsqueda Google.
- **Descripción:** tiene que mostrar en 2 líneas sobre qué trata el post y lo que aportará. Utiliza la palabra clave. La descripción se denomina meta description.
- **Extensión recomendada:** 1000 - 2500 palabras. Te ayudará a posicionar tu contenido, ya que este tipo de contenido más largo permitirá que Google entienda el tema tratado.

Acción 76.– Añade llamadas a la acción

¡Llamadas a la acción que puedan romper la monotonía!

Las llamadas a la acción pueden provocar, en puntos determinados del post, una acción del usuario, como suscribirse, descargar un ebook o compartir contenido en redes sociales.

Utiliza llamadas a la acción que aporten valor al usuario, no las realices simplemente por hacerlas: genera valor para motivar su difusión.

Acción 77.– Formulario de suscripción

En tu blog, añade una zona de suscripción para la newsletter del post, o puedes colocar un botón de suscripción que te ayude a conseguir leads al finalizar cada contenido.

Herramientas para generar formularios de suscripción:

- Mailchimp.
- Mailrelay.

 Tip.– ¿Por qué crear una base de datos desde el blog?

- Fidelización a través del contenido.
- Generación de estrategia de email marketing.
- Capacidad de contacto directo con los leads.
- Personalización del contenido de acuerdo con futuras acciones.

Acción 78.— Un paso más: guestpost para generar nuevas sinergias

¡Invitados, invitados en tu blog!

En la esfera digital se denomina a los invitados o a los posts realizados por invitados «guestpost». Es una forma de generar contenido desde otro punto de vista, contando con un experto que genere impacto, frescura y le dé un nuevo toque al blog.

Te recomiendo generar un guestpost para ampliar tu círculo de impacto, reconocimiento, repercusión y notoriedad.

 Tip.— Define tu guestpost.

- Tipo de contenido del guestpost. Temática, longitud, estructura.
- Planificación. Frecuencia.
- Lista de guestpost.

Acción 79.— Medir y analizar el contenido

Mide y analiza tu contenido; es necesario que seas capaz de detectar qué tipo de contenido es el más leído, comentado y que genera más acción por parte del usuario. Si no mides, no podrás saber la eficacia del contenido. Por ello, es recomendable que establezcas las métricas clave para medir y analizar el contenido elaborado en tu blog.

 Tip.— Herramientas clave para medir.

- Google Analytics.
- Metricool.
- Search Console.
- Cuadro de mando para interpretar tu resultado.

Acción 80.— Cuida los comentarios

¡Cuida los comentarios de tu blog, tanto positivos como negativos!

Deberás responder a los comentarios que se produzcan en torno a tu contenido. Los comentarios spam deberás siempre eliminarlos, además de tener un filtro anti-spam en tu blog.

Establece conversación y responde aportando valor a los comentarios, haz que tus respuestas muestren tu conocimiento y aprendizaje a quien recibe tu comentario.

 Tip. — Plugins anti-spam para tu blog.

- Akismet.
- Anti-spam.
- Spam protection, Antispam, Firewall by CleanTalk.

Acción 81.— Tu blog en redes sociales

¡Difunde tu contenido y tu blog a través de tus canales sociales! ¡Propaga tu contenido!

Es necesario que tu contenido no se quede únicamente en tu rincón digital, en tu blog, sino que tiene que navegar a través de las redes sociales para impactar, atraer y generar tráfico hacia el mismo, además de a la web, para dar conocer tu marca.

 Tip. — ¿Qué puede ayudarte a difundir tu contenido en redes sociales?

- Calendario de publicación del contenido de tu blog para redes sociales.
- Automatización de la publicación del contenido del blog.
- Plugins de redes sociales integrados en tu contenido:
  ‣ Easy Social Share.
  ‣ Shareaholic.
  ‣ Sumo Share.

Acción 82.— El contenido de tu blog en una newsletter

Una estrategia para captar más «adeptos» a tu contenido es generar una newsletter con tu contenido más relevante y que dé la posibilidad de ser compartida en redes sociales para amplificar su impacto.

La newsletter es parte de una estrategia de email marketing, y te recomiendo que trabajes en la creación de una newsletter potente de contenido propio, e incluso que te esfuerces en incrementarla con contenidos de terceros que aporten un mayor aprendizaje y capten la atención de tu base de datos. Así, serán estos los que propaguen la voz a través de las redes sociales.

Acción 83.– Plugins para tu blog

¡Una acción extra como una bola de dragón para que puedas tener los plugins de un vistazo!

Recuerda: ten solo los plugins necesarios en tu web/blog para evitar una caída del rendimiento de tu espacio digital.

Plugins para SEO

- **Yoast SEO:** tiene versión «lite», con la que podrás trabajar el SEO de tus contenidos. Es uno de los plugins más conocidos y utilizados en el mundo de Wordpress.
- **All in One SEO:** un paso más hacia la optimización del SEO. Sobre 3 millones de «pequeñas» webs/blogs emplean AIOSEO (abreviatura del plugin). Destacar la integración con redes sociales, herramientas como Search Console, Sitemap y Rich Snippets (fragmentos enriquecidos) y la posibilidad de realización de SEO Local.

Plugins para caché (recuerda nuestra acción 46 en el capítulo 4)

- **WP Super Cache:** plugin para la optimización de recursos, caché personalizada y mejoras de la velocidad y del rendimiento de la web.
- **WP Rocket:** este plugin ofrece una solución para mejorar el tiempo de carga, la puntuación de PageSpeed y la optimización de los Core Web Vitals[1] de tu página web.

Recuerda que debes tener en cuenta si tu proveedor de hosting proporciona el servicio de caché para no provocar un perjuicio en el rendimiento de tu web/blog.

Plugins para formularios o suscripciones

Para formularios:

- **Contact Form 7:** viene incluido por defecto en los plugins preinstalados de Wordpress.
- **WPForms:** capacidad para realizar encuestas, formularios, newsletters y pagos en formato drag & drop, lo cual permite un uso más sencillo y fácil para el usuario. Fácil de integrar y embeber en una zona elegida de tu web. Cuenta con plantillas.

---

1 Son métricas de Google que miden la experiencia de los usuarios en los sitios web. Los 3 indicadores clave de los Core Web Vitals son la velocidad de carga, la capacidad de respuesta y la estabilidad visual de una página para los usuarios. **Fuente: Wikipedia**

- **Ninja Forms:** formato drag & drop, 100% amigable, no necesitas ser diseñador para crear una fantástica newsletter para suscripción o encuesta.

Para suscripciones:

- **Mailchimp:** denominada como la herramienta y marca número 1 de marketing por correo y de automatizaciones. Integración con Shopify, Stripe, Woocommerce y Squarespace commerce.
- **Mailrelay:** envío de hasta 80.000 mails gratuitos al mes, editor arrastrar y soltar (drag & drop), gestión de contactos.

Para redes sociales

- **Monarch:** es un plugin de pago para colocar botones personalizables de redes sociales y con una excelente adaptación a dispositivos móviles.
- **Click to Tweet:** para compartir a través de un tweet una frase destacable o un contenido reseñable en un solo clic y difundir tu contenido.
- **Super Social Content Locker:** para desbloquear contenido concreto realizando una acción en redes sociales, como puede ser compartir dicho contenido. Permite realizar una estrategia para incrementar la interacción con el contenido.

7

ESTRATEGIA
EN REDES SOCIALES

En la actual era digital, las redes sociales se han convertido en una herramienta fundamental para cualquier empresa que busque tener éxito. Sin embargo, simplemente estar presente en las redes sociales no es suficiente para lograr el éxito en línea que necesitas. Es importante tener una estrategia bien definida para aprovechar al máximo las redes sociales y alcanzar tus objetivos de marketing digital.

Al establecer objetivos específicos y medibles para tus actividades en las redes sociales, puedes enfocarte en los resultados que quieres alcanzar. Por ejemplo, si deseas aumentar la visibilidad de tu marca, puedes establecer objetivos relacionados con el número de seguidores, el alcance de tus publicaciones y el número de interacciones.

Además, una estrategia en redes sociales puede ayudarte a identificar y llegar a tu audiencia. Al comprender quiénes son tus clientes potenciales y qué les interesa, puedes crear contenido relevante y atractivo que les resulte valioso. Esto te permitirá atraer a tu audiencia y mantenerla comprometida e interesada en tu marca.

Otra razón por la que es importante tenerla es que puede ayudarte a crear contenido más efectivo. Al establecer los objetivos y la audiencia de tu estrategia, puedes crear contenido específico que sea relevante y atractivo para ella. De esta manera te ayudará a generar más interacciones y aumentar su compromiso.

Por último, pero no menos importante, te ayudará a medir tu progreso y hacer ajustes en consecuencia. Al realizar un seguimiento de tus actividades en las redes sociales y los resultados que has logrado, puedes identificar qué tácticas funcionan y cuáles no. Así, podrás ajustar tu estrategia y optimizar tu enfoque a medida que evoluciona el mercado.

ACCIONES
¡Y ACCIÓN!

Acción 84.– ¿Por qué es necesaria la estrategia en redes sociales?

Una estrategia es vital y necesaria para saber qué hacer y cómo actuar en redes sociales, así como para analizar el rendimiento de la marca, empresa o servicio en dichas redes sociales.

Te recomiendo encarecidamente que antes de actuar en redes sociales elabores tu estrategia, ya que será tu guion de actuación a la hora de orientar tu presencia en las redes sociales, y has de tener claro que cada acción debe estar respaldada por objetivos y métricas.

Acción 85.– Analiza tu situación: un previo necesario

Si ya estás en redes sociales, es necesario que analices tu situación y seas capaz de detectar tus puntos fuertes para incrementarlos y tus puntos débiles para actuar lo antes posible, pero bajo el amparo de una estrategia que justifique cada una de las acciones.

Si no estás en redes sociales, debes analizar el entorno digital donde estará tu marca, empresa o servicio.

- ¿Qué es capaz de abordar tu empresa en redes sociales?
- ¿Con qué capacidad humana cuenta para el trabajo en redes sociales?
- ¿Qué acción o acciones ha llevado a cabo previamente offline? Y si ha tenido alguna presencia en redes, ¿cuál ha sido el resultado?
- ¿Están tus clientes, leads o usuarios en redes sociales? ¿Cómo interactúan? ¿En qué canales están?
- Situación de la competencia en las redes sociales, cómo actúan, cuál es su rendimiento.

Tip 1.— ¿Por qué debemos analizar la situación previa?

- Porque debes saber qué circunstancia hay en torno a las marcas de tu sector (competencia) y redes sociales.
- Porque debes saber qué medios tienes para afrontar tu estrategia y conseguir tus objetivos.
- Porque debes tener el pleno conocimiento de cómo actúa tu target.

 Tip 2.— ¿Qué puede pasar si no tengo un análisis previo?

Que tus acciones, objetivos y contenido no sean los idóneos y óptimos para conseguir notoriedad, repercusión y posicionamiento.

Acción 86.— Establece qué quieres conseguir: objetivos cuantitativos y cualitativos

Recuerda la definición de objetivos SMART (acción 2 del capítulo 1: Sin plan no hay paraíso). Si aplicamos la metodología mencionada anteriormente en nuestra estrategia para redes sociales, debemos establecer dos tipos de objetivos:

- **Cuantitativos:** objetivos que seamos capaces de medir, como puede ser: conseguir 500 suscriptores a través de tráfico dirigido de redes sociales.
- **Cualitativos:** objetivos que se refieren a posicionamiento, engagement, interacción, creación de una comunidad sólida y sana.

 Tip.— Revisa tus objetivos cada 3 meses.

Revisa tus objetivos cada 3 meses, analiza el rendimiento y evalúa la situación para adaptar los objetivos y ajustar las acciones.

En redes sociales debes adoptar una postura flexible, detectar cambios rápidos, pero justificados, y ser capaz de articular acciones para mejorar el rumbo en apenas un instante.

¡Sé líquido y haz que tu marca, empresa o servicio fluya!

Acción 87.– Estrategia y acciones

Tu análisis previo y objetivos te permitirá conocer el tipo de estrategia a llevar a cabo en las redes sociales junto a las acciones que te permitirán conseguir la hoja de ruta marcada en tus pasos previos.

En cuanto a estrategia, te recomiendo trabajar en tres vértices para el crecimiento estable, pero sólido, en redes sociales:

- **Orgánico:** tu contenido y tu forma de comunicar y relacionarte con el entorno digital serán clave para la notoriedad y el posicionamiento.
- **Pagado:** una estrategia SEM te permitirá incrementar e impulsar a tu marca. Haz que lo pagado siempre esté sostenido por una excelente posición en redes sociales y que tu marca, empresa o servicio tenga una repercusión positiva.
- **Adquirido:** para llegar a este tipo de tráfico y alimentar con fuentes de terceros o externas que ya has obtenido es necesario trabajar lo orgánico junto con lo pagado para hacer que hablen de ti, pero siempre en términos positivos.

Trabaja tus acciones con base en qué tipo de contenido puedes generar. A continuación te muestro una lista de acciones que deberás ir incorporando a tu estrategia solo si está en concordancia con lo que puedes y deseas mostrar.

 Tip 1.– Estrategias que pueden ayudarte en la generación de comunidad y captación de leads.

- Estrategia de contenido atractiva y diversa para captar la atención de los usuarios.
- Estrategia de publicidad como palanca de activación de la marca.
- Ser una marca viva en redes sociales: interacción y escucha activa.
- Detección de tendencias para incorporar en acciones que generen repercusión.
- Embajadores de marca para la creación de contenido y captación de leads.

 Tip 2.– Ejemplos de contenido para dar forma a tus acciones.

- Directos para generar repercusión y notoriedad llegando a comunidades de terceros afines a tu marca. Ejemplo: directo de Instagram con psicólogos para hablar de una temática como la ansiedad.

- Ebook para mostrar tu conocimiento y estudio de un área. Ejemplo: estudio de los ecommerce de alimentación.
- Plantillas descargables para mejorar tu posicionamiento en redes sociales. Ejemplo: plantilla para obtener el máximo rendimiento en Instagram.
- Webinars gratuitos para la captación de leads.
- Newsletter.
- Posts.

Algunos de estos contenidos podrán ayudarte en tu estrategia y tus acciones para crecer en redes sociales.

 Tip 3.— Establece la temporalidad de cada acción.

Establece un período de tiempo para cada acción. Determina si estas son semanales, mensuales o trimestrales (por ejemplo) para asegurarte de tener la capacidad y el tiempo necesarios para una óptima elaboración; la calidad del contenido que muestres es esencial para una excelente repercusión.

Acción 88.— Definir tu presencia en redes sociales

Debes definir en qué redes sociales estarás. Te recuerdo que estar por estar no es lo idóneo, pues afecta a tu imagen de marca si el trabajo en las redes sociales no es bueno, ya que resta credibilidad y confianza frente a los usuarios.

Una recomendación que te ayudará es establecer un período de tiempo, o fases, para ir cumpliendo objetivos y analizando la repercusión o posible actuación en otras redes sociales.

Estar por estar no es sinónimo de éxito.

Acción 89.— En el nombre (no de la rosa, sino de tu usuario): homogeneidad

¡La hora del nombre de usuario en tus redes sociales elegidas para conquistar al consumidor!

Te recomiendo utilizar el mismo nombre de usuario en los canales sociales que hayas elegido para comunicar en redes. Es importante que seas perfectamente identificable por el usuario, necesitas mostrar un imagen de marca sincronizada en todos y cada uno de los perfiles seleccionados para comunicar.

 Tip 1.– Y si... después quisiera ampliar mis redes sociales.

Desde el instante 0 te recomiendo que crees un perfil de tu marca —aunque no vayas a usarlo— en las redes sociales con mayor influencia para evitar que tu nombre sea utilizado por terceras personas ajenas a tu marca o por la propia competencia.

 Tip 2.– Coloca en tu web, blog o newsletter los enlaces a tus perfiles sociales.

Añade todos tus perfiles sociales a tus elementos de comunicación, blog, web, newsletter y firmas de correo electrónico.

¡Trabaja al mínimo detalle! Recuerda que la percepción es un elemento esencial de tu imagen de marca.

Acción 90.– Planificación de contenido

Planifica tipo de contenido, creatividad, copy y red social; determina día y hora de publicación del contenido.

Mi recomendación es que planifiques mes a mes el contenido que generas en redes sociales para estar prevenido frente a cualquier incidencia. Planificar el contenido te ayudará a administrar el día a día: gestión de comunidad, análisis del rendimiento, atención al cliente y solución de problemas a nivel general de comunicación.

 Tip.– Adapta el contenido y la creatividad para cada red social.

Adapta el copy a cada red social: no seas una máquina que repite el copy sin adaptarse al tono y a la forma de cada red social.

Acción 91.– Crisis de reputación, pero con un plan

Las redes sociales pueden ser el eco y el ecosistema para que se genere una crisis de reputación que afecte a la imagen de marca, debido a una incidencia que puede ser generalizada o como vía de escape para reclamar atención por parte de la marca.

Recuerda que estamos en entorno abierto y en permanente contacto con el cliente o usuario de nuestra marca, y suele ser habitual que este exprese la disconformidad públicamente para intentar solucionar el problema que experimente con nuestro producto o servicio.

Te recomiendo generar un plan de contingencia para atender diferentes tipos de comentarios e incidencias que pueden producirse. Es clave que muestres un perfil conciliador y de ayuda en todo momento.

En la mayoría de ocasiones, las críticas pueden deberse a un malentendido, o a no entender realmente lo adquirido, pero debes tener en mente que el cliente siempre tiene (o suele tener) la razón y nosotros debemos comprender su situación para solucionar la cuestión que se nos presente y, al mismo tiempo, reforzar la marca.

Trabaja tu atención al cliente para generar una percepción siempre positiva.

Acción 92.— Las métricas: no olvides medir

Puede parecer repetitivo, pero debo recordarte que lo que no se mide no se conoce, y no podremos realizar la mejora pertinente para hacer crecer la marca en el entorno digital.

Establece las métricas clave por cada red social, analiza los resultados de cada una de las herramientas que las redes proporcionan y compara con un programa de terceros, como puede ser Metricool, para un conocimiento profundo de la repercusión de las acciones.

 Tip 1.— Haz un cuadro de métricas clave. Recuerda que las compartí contigo anteriormente.

 Tip 2.— Herramientas para métricas en redes sociales.

- Propias insights de las redes sociales
  ‣ Twitter Analytics.
  ‣ Instagram Estadísticas.
  ‣ Facebook Insights.
  ‣ LinkedIn.
- Terceros
  ‣ Escucha activa: nos permite obtener feedback sobre el sentimiento hacia la marca.
    - Brandwatch.
    - AgoraPulse.

‣ Métricas
  - Metricool.

Acción 93.– El usuario y la retroalimentación

Es fundamental integrar a tu usuario seguidor de la marca en la conversación de la marca en redes sociales; el usuario piensa y es capaz de generar interacción e influir en la percepción sobre la marca.

Piensa que estamos ante una situación en la que no hay una unilateralidad para comunicar, sino que ha de ser en ambas direcciones. No estamos en los años 90, debes hacer que el usuario o consumidor se sienta importante en todo momento y parte de la marca en el entorno digital.

8

TWITTER
280 CARACTERES

Twitter es una de las redes sociales más populares y utilizadas en todo el mundo. Es una plataforma de microblogging que permite a los usuarios publicar y compartir mensajes cortos de hasta 280 caracteres.

Se trata de una plataforma de comunicación en tiempo real que permite a los usuarios publicar y compartir mensajes cortos en línea. Los usuarios pueden compartir enlaces, imágenes, vídeos y otro contenido relevante en sus publicaciones. Además, pueden seguir a otros usuarios para mantenerse al día con sus publicaciones y mantenerse al tanto de los últimos eventos y noticias.

La importancia de Twitter para una estrategia de marketing digital se basa en la posibilidad de llegar a una audiencia global en tiempo real. Con millones de usuarios activos en todo el mundo, es una herramienta valiosa para las empresas que buscan aumentar su visibilidad y llegar a una audiencia más amplia. Las empresas pueden utilizar Twitter para publicar contenido, para interactuar con sus seguidores o para establecer relaciones con su audiencia.

También es una herramienta importante para la generación de clientes potenciales y ventas, ya que los negocios pueden usar esta red social para promocionar sus productos y servicios, para interactuar con sus clientes o para generar tráfico a sus sitios web. Además, ofrece una plataforma para publicidad en línea, lo que permite a las empresas llegar a su audiencia de manera más efectiva y mejorar su retorno de inversión.

Otra razón de su importancia dentro de una estrategia de marketing digital es que puedes monitorear y medir el éxito de tus campañas de marketing en línea. Con los análisis en tiempo real y las herramientas de medición serás capaz de medir el impacto de tus publicaciones, determinar qué contenido es más efectivo y ajustar tu estrategia en consecuencia.

En conclusión, Twitter es una plataforma de comunicación en tiempo real que ofrece una amplia gama de beneficios para las empresas que buscan tener éxito online, ya que les permite llegar a una audiencia global, generar clientes potenciales y ventas, y medir el éxito de sus campañas de marketing en línea. Al utilizar Twitter de manera efectiva en tu estrategia de marketing digital, puedes mejorar significativamente tu presencia online y lograr un éxito duradero en el mundo digital.

ACCIONES
¡Y ACCIÓN!

Acción 94.– Los primeros pasos: conociendo Twitter

Twitter se caracteriza por ser la red social de la inmediatez, la viralización y el impacto tanto a nivel positivo como negativo.

Entrar en Twitter puede ayudarte a tener un contacto rápido e inmediato con tu cliente y eso permite un punto positivo y diferencial con respecto a la competencia.

En la red social del «pajarito» es vital que no caigas en el «estar por estar» o «automatizar por automatizar» siendo un zombie que resta naturalidad a tu marca. Te recomiendo que seas una marca proactiva, que interacciones con terceros de interés, con tu público objetivo y que rompas el hielo, pero siempre respetando tu imagen de marca y los valores asociados a tu empresa.

Comunica y permite que se comuniquen contigo, sé diferente.

Acción 95.– Encabezado y foto de perfil: adaptados y en sintonía con tu identidad corporativa e imagen de marca

El primer paso para tu perfil es generar una foto de cabecera o encabezado adaptada a las exigencias de tamaño y calidad que requiere Twitter (1500 x 500 px) y, sobre todo, lo más importante: impacta con la imagen, pero manteniendo los elementos clave de tu identidad corporativa.

Sobre la imagen de perfil, es necesario un tamaño de 400 x 400 px adaptado de tu logo. Para Twitter no utilices una imagen sin adaptar, ya que puede sufrir distorsiones o recortes indeseados para ajustarse a sus requerimientos.

Tip 1.— Sobre la foto de cabecera.

Emplea programas gratuitos como Canva para generar una foto adaptada y con calidad en formato png, para que no haya problemas de visibilidad en los diferentes dispositivos de conexión, como pueden ser móviles, tablets, sobremesa e incluso app o web app.

 Tip 2.— ¿Letras en la foto de la cabecera?

Si optas por colocar «letras», que sea tu claim: claro y conciso para mostrar una imagen limpia y minimalista.

Olvídate de colocar un párrafo que «ensucie» la propia imagen y sobrecargue el perfil: menos es más.

Cuida tu imagen de marca y adapta los elementos mencionados en esta acción: foto de perfil y cabecera.

Acción 96.— Personal y Profesional: el cambio de tipo de cuenta

Un perfil personal está recomendado, como su nombre indica, para un uso personal y no relacionado con la marca, servicio o empresa. Sin embargo, sí te recomiendo que, si tienes visibilidad pública, cuides tu opinión pública para evitar juicios de valor que afecten a la imagen de marca.

Una vez creado el perfil para tu marca, empresa o servicio te recomiendo realizar el cambio a perfil profesional para generar credibilidad, confianza y conocimiento profundo de estadísticas, además del desarrollo de campañas publicitarias o características como monetización (imagina que eres un creador digital) u opciones como spotlights para ampliar los puntos de contacto de atención al cliente y mostrar productos.

¿Cómo realizar el cambio a perfil profesional en Twitter?

- Abre tu perfil.
- Opción «editar perfil».
- «Cambiar a cuenta profesional».

Acción 97.– Elementos del perfil de usuario

¿De qué elementos se compone la biografía de Twitter?

- **Descripción:** muestra en dos líneas qué eres y tu solución. De un vistazo debo ver que puedes solucionar mi problema y que entiendo perfectamente lo que eres.
- **Enlace a web:** en esta opción te recomiendo que utilices un acortador para poder «trackear» e identificar los clics provenientes de Twitter. Aunque desde Google Analytics se puede conocer en las fuentes de tráfico la influencia de Twitter en el tráfico web, el acortador es opcional.
- **Sector de empresa:** una de las opciones del perfil profesional es poder seleccionar el sector o tipo de empresa para mostrar en el perfil.

¡Completa todos y cada uno de los elementos de la biografía!

Acción 98.– La biografía: impacta en 2 líneas

¡Háblame de ti, pero sé directo! En ocasiones podemos observar biografías que solo hablan de la empresa, pero no muestran la solución o necesidad; se pierde el discurso en el «yo soy», pero no en el «hago por ti», malgastando así una oportunidad de impactar en el usuario.

Sé ingenioso para definirte y hablar de la solución, dime qué puedo conseguir y por qué eres único.

La biografía es la declaración de intenciones, hazla memorable.

Acción 99.– Spotlight: cómo llegar a tu comercio, lo profesional

Si tienes un comercio o empresa podrás generar un Spotlight donde mostrar los siguientes elementos:

- **Dirección física:** indicará cómo llegar a la ubicación.
- **Horario:** ¿cuándo está abierto tu comercio? Define tu horario de atención.
- **Correo electrónico.**
- **Teléfono:** una opción más de contacto para el usuario.

El Spotlight permite ofrecer un abanico de posibilidades de contacto e información al usuario.

Cuanta más información proporciones, más sensación y percepción de una atención al cliente adecuada y un perfil proactivo tendrá el usuario.

¡Mantén siempre tus datos actualizados!

Acción 100.— A quién seguir: cuidado, foco

¡No sigas por seguir! Sigue a perfiles de interés para tu empresa, marca o servicio. Te recomiendo seguir a proveedores, clientes y medios, revistas, personas de interés de tu sector e instituciones relacionadas con tu actividad.

No realices acciones de «follow back» que no aportan calidad ni sentido a tu estrategia (ni a la imagen de marca). No adquieras seguidores y evita hacerte con una legión de bots para justificar números a través de seguidores; estas acciones no aportan valor ni dan credibilidad a lo que muestres en redes sociales.

Es esencial que construyas una comunidad sana, estable y capaz de entablar una relación de tú a tú con tu perfil de marca.

Acción 101.— Un tweet: su anatomía

Crea un tweet perfecto cuidando copy, imagen, enlace y hashtag adecuado para identificar la temática y sobre qué habla el tweet.

El copy debe respetar el tono de comunicación previamente indicado para tu marca, es parte de la identidad corporativa y debe dejar claro sobre qué habla el mensaje en Twitter.

Coloca elementos visuales que capten la atención, como pueden ser un emoji o una indicación de «seguir leyendo aquí».

El enlace hacia el contenido (si aplica) que sea amigable; podrás colocar acortadores para obtener más información sobre el enlace, como cuántas veces ha sido cliqueado, desde dónde, cuándo y desde qué tipo de dispositivo.

Una imagen adaptada y que defina el contenido. No te recomiendo colocar imágenes con textos si estos ya están en el tweet, salvo que sea una cita o frase realizada a través de una imagen. Proporciona descripción a la imagen para personas con discapacidad visual.

Sobre los hashtags: no crees una granja de hashtags para conseguir visualizaciones por conseguir. En lugar de eso, sé específico y emplea 1-2 hashtags que definan el contenido y su temática.

¡Haz que cada tweet proporcione aprendizaje y aporte valor!

Acción 102.– Las listas para contenido y comunidad

Las listas en Twitter pueden ayudar a filtrar contenido para compartir o depurar para la generación de contenido de marca en otros canales sociales, para conocer noticias interesantes de medios de interés o referentes y para generar una interacción de tú a tú con medios o personas incluidas en las listas.

Puedes realizar listas públicas o privadas, aunque te recomiendo las listas privadas para un control y conocimiento de tu competencia.

Acción 103.– Los hashtags: como un DNI

¿Sabías que el primer hashtag en Twitter fue en 2007? Nate Ridder utilizó #sandiegofire cuando sucedieron los incendios de San Diego, California.

En 2009 se extendió su uso en Twitter y de manera automatizada se podían conocer los tweets que contuviesen un hashtag determinado.

¡2010! Nació el trending topic (TT), y las redes sociales como Google+, Instagram y Flickr comenzaron a incluir los hashtags.

¿Por qué utilizar # para tus tweets?

- Búsqueda de información sobre el contenido con hashtag que se quiere utilizar y analizar.
- Alcance y visibilidad gracias a la utilización del #, que te permite llegar a tu público objetivo.
- Interacción, para mantener y generar conversación sobre un tema determinado. Imagina que realizas un evento y a través de un # puedes generar una conversación fluida y perfectamente identificada.
- Monitorización de tweets y de tu marca. Una herramienta recomendada para analizar # es Tweet Binder; aquí un ejemplo para que puedas entenderlo:

Tip 1.— Sobre el #.

Utiliza un hashtag de tu marca y acompáñalo de 1 o 2 hashtags que determinen el contenido.

 Tip 2.— Las claves de un buen #.

- Utiliza un hashtag claro, conciso y entendible.
- Analiza la repercusión del hashtag o la conversación creada en torno a él para conocer quién lo ha utilizado, cuál es la última vez que se ha utilizado y su alcance.
- Crea un hashtag propio para tu marca que te defina y esté en concordancia con tu marca.
- Genera el hashtag adecuado para cada acción.

Acción 104.— Twitter Analytics: conociendo tu rendimiento

¡Los datos, los datos son la clave!

¿Para qué sirve Twitter Analytics?

Para entender a tu audiencia, la relevancia e impacto de tus tweets y el contenido que funciona en tu marca.

Elementos clave de Twitter Analytics

- Datos principales.
- Tweets.
- Audiencia.

 Tip 1.— Compara con una herramienta de terceros para profundizar en el conocimiento.

Recomiendo que compares las métricas ofrecidas por Twitter con una herramienta de medición de terceros para cotejar y extraer un análisis más profundo de los datos obtenidos con cada una de las acciones realizadas en el perfil de la empresa.

Selecciona las métricas clave para trasladar a tu cuadro de mando.

 Tip 2.— Analiza la influencia de Twitter en Google Analytics.

Analiza cómo ha influido Twitter en la generación de tráfico en la web, visita en Google Analytics la opción de fuentes de tráfico y en medios sociales observa los datos obtenidos mes a mes para conocer el impacto de Twitter.

 Tip 3. – Recoge las métricas clave en tu cuadro de mando.

Para estudiar y analizar tus datos clave elabora tu cuadro de métricas de todas y cada una de las redes sociales, no solamente de Twitter.

Es necesario que este tip lo tengas en mente para un control de todos los canales sociales donde tiene presencia tu marca.

Acción 105.– Twitter Cards: qué son y para qué sirven

¿Qué es Twitter Cards?

Es un tweet más visual, con información en mayor detalle que un tweet común y que, además, contiene una llamada a la acción.

Un tweet publicado con Twitter Cards tiene mayor difusión e interacción por parte del usuario/seguidor que un tweet común.

¿En qué nos puede ayudar un tweet de Twitter Cards?

- Aumentar el porcentaje de conversión o leads.
- Incrementar la visibilidad de la marca.
- Mayor visibilidad en Twitter.

¿Cuándo utilizar un tweet de Twitter Cards?

- Para presentar un producto o servicio.
- Conseguir suscriptores de una newsletter.
- Presentar estudios e insights realizados por la marca.
- Realizar eventos.

Acción 106.– Interacción: engagement

Tener un perfil proactivo en Twitter es básico para no ser un «perfil zombie» que no genere comunicación y solo exista por existir. Si dejamos el perfil vacío, el seguidor o usuario no encontrará el sentido de seguir e interaccionar con la marca. Crea, genera y lanza contenido que provoque una conversación, contesta a cada mención, agradece los retweets, pero hazlo de una manera natural con un tono de comunicación fresco y de tú a tú.

No tengas miedo a hablar y que lleguen a ti tus seguidores o público objetivo, pero sí te recomiendo tener definido tu tono de comunicación y estilo con los seguidores, además del plan de contingencia para posibles crisis de reputación.

Acción 107.– Los espacios: generando una comunidad de audio

En Twitter han nacido los espacios, una función que te permite generar conversaciones de audio en directo.

¿Por qué son interesantes los espacios?

- Para generar atracción de nuevos usuarios.
- Fidelizar a la comunidad y hacer sentir «orgullo de pertenencia».
- Crear una comunidad activa y permitir al usuario poder participar en temáticas determinadas.
- Generar eventos con personas de interés.

Constituye tu espacio en Twitter alrededor de tu marca, establece temática, invita a personas de interés que aporten aprendizaje, e incrementa el impacto de tu marca en redes sociales para así impulsar una conversación que permita la participación de tu comunidad.

Acción 108.– Newsletters: una opción de contenido de valor

Con las newsletters podemos crear oportunidades de compra o venta a través de un elemento de atracción como es el contenido; la newsletter puede ayudarte a generar posicionamiento, reconocimiento y notoriedad.

Has de tener en cuenta que una newsletter es un contenido apetecible y compartible por la necesidad de aprendizaje y curiosidad. La newsletter puede ser el primer paso para amplificar la influencia de tu comunidad en sus perfiles.

¿Es recomendable crear una newsletter?

Sin duda, sí, pero has de ser perseverante y generar un plan de publicación de contenido. Educar al seguidor es esencial y ofrecerle contenidos de interés cada determinado tiempo es vital, pero debes hacerlo de manera constante.

Acción 109.— El poder de los hilos

¿Qué es un hilo?

Un hilo es generar una concatenación de tweets para exponer una temática o contenido organizado/estructurado en varios tweets con información destacable y de alto interés.

¿Cómo crear el hilo perfecto en Twitter?

- 0 improvisación, todo debe tener sentido. Todo es estrategia y requiere de planificación.
- Genera curiosidad en tu primer tweet del hilo, copy atractivo, claro y conciso, e incrementa el impacto con una imagen que despierte al usuario y rompa la monotonía de su timeline.
- Cuida tu tono de comunicación, ten tu storytelling y haz que todo siga la misma línea en cada uno de los tweets.
- Contenido de interés, actual y que proporcione un aprendizaje a la comunidad.
- Indica en el primer tweet que «abres hilo», emplea un emoji.
- Contenido entrelazado entre tweet y tweet, que todo tenga sentido, no desconectes al usuario/seguidor durante el hilo.
- Incluye preguntas que hagan partícipe al lector y generen interacción.
- Combina distintos tipos de formato: infografías, vídeos o imágenes.
- CTA al final del tweet para generar la acción, como visitar una web determinada o un producto específico o la suscripción a una newsletter.

Claves para generar hilos en Twitter

- Genera tu estrategia para crear hilos en Twitter.
- Determina tus temáticas a compartir.
- Establece tiempo de publicación de cada hilo.
- Mide y analiza los resultados de tus hilos, repercusión, interacción, leads y tráfico hacia la web (si aplica) o suscripción.

¿Para qué generar un hilo?

- Presentar un estudio.
- Para crear contenido y generar notoriedad.
- Hablar de un producto.
- Para conseguir suscripciones a una newsletter.

Herramientas para generar y automatizar hilos

- Hypefury.
- Typefully.

Acción 110.– Automatización de tweets

En la mayoría de las ocasiones en redes sociales necesitas ser efectivo y rápido para colocar tu foco en la creación de contenido y la gestión de comunidad. Para ello es recomendable la automatización o programación de tweets.

La programación de tweets no es sinónimo de no trabajar el contenido, sino que se utiliza para que una tarea rutinaria como es publicar se automatice. De este modo, nos podemos centrar en generar valor en el contenido y en la interacción con la comunidad.

Programa tus tweets una vez has realizado la planificación de contenido y la creación del propio contenido desde el copy hasta la creatividad. En ese preciso instante puedes automatizar la tarea de publicar.

Herramientas para programar tweets

Gratuitas:

- **TweetDeck:** podrás programar tweets con texto, imágenes y vídeo. ¿Cómo iniciar sesión en TweetDeck? ¡Inicia sesión con tu perfil de Twitter!
- **Twittimer:** esta herramienta ofrece la posibilidad de automatizar posts en Twitter (red que tratamos en este capítulo), Facebook y LinkedIn. Interfaz sencilla e intuitiva para programar posts en los que poder elegir hora y día.

Freemium y de pago:

- **Hootsuite:** una de las herramientas más empleadas en la gestión de redes sociales para tener bajo control varias cuentas. Hootsuite tiene diferentes capacidades: analíticas de redes sociales, monitorización de perfiles sociales y gestión de equipos.
- **Buffer:** destacar de esta herramienta la capacidad para saber y elegir el mejor momento de publicación de los contenidos, envío de mensajes y análisis de la repercusión de las publicaciones conociendo cómo interactúan los usuarios con cada contenido.

Acción 111.– Círculos de Twitter: habla para una audiencia determinada

¡Habla para una audiencia determinada!

Genera un círculo de hasta 150 personas para hablar de tú a tú, donde compartir ideas y contenido con un reducido número de personas.

¿Para qué utilizar los círculos de Twitter?

- Comunicación con embajadores de marca e intercambio de ideas.
- Círculo con clientes para fomentar el aprendizaje y crear un «hub de aprendizaje» haciéndoles partícipes de una comunidad privada.
- Círculo con proveedores para fomentar el conocimiento de productos y comunicación directa de la empresa.

¡Atención! Solo se puede crear un único círculo en Twitter.

Acción 112.– La creación de comunidades

Crea una comunidad para hablar de una temática específica y de interés para tus seguidores, como pueden ser marketing digital, Wordpress o estrategia en redes sociales.

Cuando generes la comunidad, fija un tema en el que seas competente y puedas aportar valor, ideas y aprendizaje que te posicione como experto.

Tipos de comunidades

- **Abiertas:** puedes unirte sin invitación previa.
- **Restringidas:** necesitas de la invitación de un administrador o moderador para unirte a la comunidad. Si la invitación es enviada por un miembro, una vez aceptada deberá ser revisada por un moderador o administrador.

Roles de las comunidades

- Administradores.
- Moderadores.
- Miembros.

Administradores y moderadores deberán velar por el cumplimiento de las reglas de la comunidad, así como de las reglas de Twitter.

Cómo es la visualización de una comunidad

- **Zona de Inicio:** se mostrará la cronología del contenido compartido por los miembros de la comunidad.
- **Información:** en esta zona/pestaña se podrá conocer la temática de la comunidad, la descripción, la fecha de creación y quién creó la comunidad, y las reglas que la definen.

¿Puede ser compartido el contenido de una comunidad?

A diferencia del contenido publicado en un círculo, el contenido de una comunidad puede compartirse y de tres maneras diferentes:

- **Público:** compartir un tweet determinado de la comunidad de manera pública. El tweet aparecerá en tu timeline.
- **Círculo:** para compartirlo únicamente en un círculo.
- **Mis comunidades:** de las comunidades de las que eres miembro podrás seleccionar en qué comunidad compartir el contenido.

Diferencias entre Círculo y Comunidades:

- El contenido del círculo solo puede ser visto por las personas elegidas y que forman parte en exclusiva del círculo.
- El contenido del círculo no se puede compartir fuera del círculo.

¿Preparad@ para crear tu comunidad?

Acción 113.– Momentos: para creadores de contenido

¡Crea tu propio momento sobre un tema o tendencia de tu interés para obtener repercusión y relevancia!

Los momentos se componen de una selección de tweets sobre lo que ocurre o está pasando en el mundo según la definición de Twitter.

¿Para qué puedo crear un momento?

- Tras la presentación de un producto relacionado con tu empresa, marca o sector donde actúa tu empresa.
- Tras un evento de tu marca

El momento puede ser la forma de dar relevancia a uno de tus momentos destacados como marca y generar la historia de ese instante que debe ser recordado por tus seguidores.

Tip 1.— Sobre la visibilidad de los momentos.

Puedes seleccionar el tipo de visibilidad de tu momento:

- Público.
- Privado.
- Sin listar: solo verán el momento aquellos que posean la URL del momento creado.

 Tip 2.— Sobre la selección de tweets para el momento.

Si realizas este tipo de acción en Twitter te recomiendo que sea para mostrar los momentos más reseñables de un evento donde hayas contado con una elevada participación del público y sean destacables.

Este tipo de acción puede elevar la interacción entre marca y seguidores.

 Tip 3.— ¿Cómo elaborar los momentos?

Los momentos solo pueden crearse a través de la versión web de Twitter, ya que la opción no se encuentra disponible para la app de Twitter.

Acción 114.— Elementos guardados: para leer más tarde

¿Leer para más tarde un tweet con contenido de interés para depurar y compartir con tus seguidores?

En Twitter tienes la capacidad de guardar elementos para posteriormente visitarlos con solo ir hacia «Elementos guardados». Te recomiendo esta acción para depuración de contenido, descubrir nuevos medios o perfiles de interés o para compartir contenido de terceros que puede interesar a tu audiencia.

Acción 115.— Temas: foco en temas de interés

¡Recuerda! Una introducción con breve reflexión

Vivimos en una sociedad de ritmo incesante, las redes sociales son una fuente inagotable de recursos y contenidos de interés, pero la propia dinámica que adquirimos nos impide tomar conciencia de lo que vemos y en ocasiones nos cuesta filtrar el contenido de interés para la generación, creación y lanzamiento del mismo. Es por ello que en Twitter podemos filtrar contenido aplicando los «temas», a través de los cuales determinar qué tipo de contenido, es decir, qué temática nos es de interés para ir al foco y, en cierta manera, parar el tiempo para centrar nuestra atención.

¡La acción 115!

Recomiendo que selecciones temas de interés para descubrir contenido, para descubrir tendencias y novedades referentes a tus áreas de conocimiento, y sobre los que deseas compartir o generar contenido.

¿Por qué generar temas en Twitter?

- Foco en el área de interés.
- Descubrir novedades y tendencias.
- Analizar patrones de consumo de información sobre un tema y audiencia.
- Depurar contenido.

Acción 116.– Twitter Ads: la publicidad para amplificar la voz

Para una estrategia mixta y necesaria para amplificar tu voz te recomiendo generar una estrategia de promoción de tu perfil y contenido para llegar a tu audiencia.

El contenido promocionado en Twitter aparece con los siguientes textos: «Anuncio Promocionado» o «Anuncio para Seguidores».

 Tip 1.– Elige tu objetivo.

Para la realización de la campaña deberás elegir tu objetivo:

- **Notoriedad:** para maximizar el alcance del anuncio.
- **Consideración:** puedes seleccionar varios objetivos:
  ‣ Reproducciones de vídeo: el objetivo es que el máximo número puedan visualizar tu vídeo.
  ‣ Reproducciones de pre-roll.
  ‣ Descargas de app: el objetivo es conseguir el número máximo de descargas, puedes seleccionar coste por impresiones o clics en la app.
  ‣ Tráfico en sitio web: el objetivo es la dirección hacia la web, es decir, generar tráfico hacia ella, y el coste se realiza por clic.

- Interacciones: el objetivo, como su nombre indica, es lograr la interacción con el contenido/tweet promocionado, y el coste es por interacción lograda.
- Seguidores: el objetivo es incrementar tu comunidad, es decir, conseguir seguidores.
- **Conversación:** destinadas a conseguir una acción, como por ejemplo una descarga, y enfocada a apps.

 Tip 2.— ¡La segmentación!

Define a tu audiencia, realiza la segmentación adecuada para que tu campaña consiga el objetivo marcado.

Sé certero en la definición para obtener un resultado ajustado a tus necesidades.

 Tip 3.— El presupuesto.

Establece el presupuesto máximo de tu campaña para un correcto control de costes desde el inicio de la misma. Así podrás ajustar objetivos y duración de la campaña.

 Tip 4.— Copy, creatividad, impacta y capta la atención.

Elabora un copy capaz de captar la atención, una declaración de intenciones, un mensaje directo y conciso que no necesite aclaración y que muestre una solución o necesidad a la audiencia.

¡Tú eres la solución!

Elabora una creatividad que incremente el valor y el impacto del mensaje y que se adecue a los requerimientos de Twitter. Conquista visualmente.

 Tip 5.— Lo que deberías saber sobre Twitter Ads.

Sistemas de pujas en los Ads: lo que estás dispuesto a pagar por cada acción. En Twitter hay 3 tipos de pujas que debes conocer para competir.

- **Puja automática:** diseñada para automatizar «automáticamente» tu puja para optimizar resultados con el menor coste posible.
- **Puja máxima:** establece cuánto estás dispuesto a pagar por tu acción u objetivo. En este tipo de puja tienes un control sobre lo que pagas por acción pujable. Recomendada para anunciantes con experiencia.

- **Puja objetivo:** pujas por cada acción u objetivo, como pueden ser descargas, interacción, tráfico hacia la web, etc. La puja se optimiza automáticamente a un coste promedio que alcance tu objetivo marcado.

Elementos clave para un anuncio: puntuación de calidad

La calidad de un anuncio depende de 3 factores:

- **Repercusión:** capacidad de que un anuncio sea atractivo y la audiencia interactúe con él.
- **Relevancia:** anuncio alineado con los intereses de la audiencia seleccionada.
- **Novedad:** tiene más valor para Twitter mostrar contenido novedoso y actual.

Cumplir estos 3 factores te permite establecer una puja competitiva para poder conseguir los resultados u objetivos marcados.

¡El éxito de tu anuncio depende de la totalidad de los elementos que componen la creación de una campaña!

La segmentación: el altavoz necesario

Para que conozcas en profundidad cómo realizar la campaña perfecta debes saber que hay dos tipos de segmentación.

- **Segmentación aditiva:** es un tipo de segmentación que amplifica tu audiencia por intereses marcados, como por ejemplo intereses en fútbol, deporte y Twitter Sports. El anuncio llegará a cada uno de los segmentos de intereses establecidos para la campaña.
- **Segmentación restrictiva:** es un tipo de segmentación que reduce la audiencia a impactar en la campaña, es decir, si estableces que tu campaña solo llegará a seguidores con iOS, únicamente llegará a ese tipo de seguidores.

Acción 117.– Twitter como CRM: un punto de atención al cliente con inmediatez

Emplea tu perfil de Twitter como un punto de atención al cliente, es decir, como CRM para atender dudas, consultas o preguntas sobre tu marca o empresa.

¿Por qué utilizar Twitter como CRM?

Por la inmediatez y rapidez para conectar con el usuario, además de por ser una de las redes sociales más utilizadas por los usuarios para «colocar» dudas o quejas sobre la marca.

Si empleas tu perfil como un punto de atención, pones a disposición del cliente diferentes vías de contacto a su elección, que se adecuan a su forma de comunicarse.

¡Cuidado!

Si atiendes a tu cliente a través de Twitter, te recomiendo:

- Plan o manual de atención al cliente donde definir qué preguntas, dudas o consultas pueden ser atendidas con inmediatez; consultas complejas y modo de actuar y establecer protocolos de respuesta para las consultas que requieran del tratamiento de información sensible.
- Plan de contingencia.

Acción 118.– Automatización de contenido del blog y newsletter

¡A veces la automatización es buena!

Automatizar contenido antiguo de tu blog o newsletter no es ser un robot. La automatización nos puede ayudar a compartir contenido anterior a modo de recordatorio.

Acción 119.– Con tu conocimiento, es hora de enfocarse

Llegados a esta acción tienes el pleno conocimiento de las acciones que puedes realizar con las capacidades de Twitter y es mi deber pedirte foco, planificación y optimización de tu actividad en la red del pajarito.

Conocer todas las acciones y herramientas disponibles a tu alcance no «te obliga» a emplearlas todas en un primer instante, ya que lo primordial es que se establezca qué es lo más eficaz y óptimo para tu marca.

Lo esencial es tener un perfil cuidado, contenido planificado y analizado para conocer rendimiento, automatización de lo rutinario —como tweets de contenido o creación de hilos— y gestión de comunidad.

Prioriza y determina qué acciones realizarías para llevar al más alto nivel tu marca.

¡Nunca olvides que debes ser perseverante!

Acción 120.– Acortar tus URL

Recomiendo que emplees acortadores de URL para medir el rendimiento de cada una de tus publicaciones en Twitter, conocer cómo y hasta dónde ha llegado cada contenido, clics, dispositivo.

Herramientas para acortar URL:

- Bit.ly
- Ow.ly de Hootsuite
- Rebrandly

¿Por qué utilizar acortadores de URL?

- URL memorable y amigable.
- Generar imagen de marca.
- Acortar las URL permite aprovechar un mayor número de caracteres en el copy de Twitter.
- Seguimiento del rendimiento de la URL.

Acción 121.– Herramientas para conocer tu rendimiento en Twitter

¡Hora de compartir herramientas para sacar el máximo partido a Twitter!

 ¡Es una bola extra que podrás tener para ti y para siempre!

Para gestionar varias cuentas (aplica si tienes varios perfiles de usuarios)

- **TweetDeck:** es una herramienta oficial de Twitter que permite gestionar varias cuentas/perfiles de usuario simultáneamente, programar tweets y generar colecciones.

  Con esta herramienta también se podrán activar notificaciones sobre hashtags o cuentas de las que se desea conocer su actividad.

- **Buffer:** con esta herramienta se podrá realizar la programación y el análisis. Se puede trabajar con otras redes sociales como Facebook e Instagram.

  Buffer te permite conocer cuál es el mejor horario para publicar teniendo en cuenta la actividad de tu comunidad.

Para el análisis de Twitter y para poder comparar con los datos aportados por Twitter Analytics

- **Metricool:** un análisis de tu cuenta, conocimiento del perfil a nivel tweets, comunidad y planificación de contenido. Es una herramienta que puede completar el conocimiento sobre el rendimiento del perfil de marca.

- **Hootsuite:** herramienta todoterreno y la más empleada en el mundo digital, desde análisis hasta planificación, nos permite obtener un control absoluto en la gestión de la actividad digital de la marca.

  ¿Qué podemos hacer con Hootsuite?

  1. Analítica.
  2. Gestión de comunidad.
  3. Programación y planificación de contenido.
  4. Análisis de la competencia. Datos comparativos.

Para el conocimiento de la audiencia, seguidores, comunidad y perfil de Twitter

- **Klear:** análisis del perfil de Twitter. Con esta herramienta podremos conocer el nivel de influencia de nuestro perfil.

  Datos que te permite conocer:

  1. Influencia de tu perfil.
  2. Desempeño del contenido.
  3. Comunidad.

- **ManageFlitter:** te permite conocer y extraer datos sobre tus usuarios y detectar aquellos seguidos no activos.

  Recomendación: construye una comunidad activa y elimina cuentas no activas.

- **Mentionmapp:** una manera visual de conocer tu red e influencia a través de las menciones y hashtags, lo que te permitirá averiguar cuál es el nicho más influyente de tus seguidores.

- **Followerwonk:** puede ayudarte en la búsqueda de personas influyentes de tu interés para la realización de listas y la generación de interacción, y de este modo elevar la visibilidad además de la repercusión de tu perfil.

Para conocer a la competencia o el rendimiento de una determinada cuenta

- **Twitonomy:** herramienta para realizar una comparativa con tus competidores. Con Twitonomy podrás también realizar un seguimiento de menciones, tus tweets más influyentes e interacción, además de rastrear conversaciones.

- **Foller.me:** te ayudará a conocer el funcionamiento de una cuenta o perfil de usuario, esta herramienta puede contribuir en tu investigación y análisis de la competencia.

Para conocer cómo viaja tu # y su rendimiento

- **Tweet Binder:** para conocer la conversación generada alrededor de una marca a través de un hashtag.

9

FACEBOOK

LO DE ZUCKERBERG

Facebook es una de las redes sociales más populares y utilizadas en todo el mundo. Fundada en 2004 por Mark Zuckerberg, se ha convertido en una plataforma esencial para la comunicación en línea, el marketing digital y la conexión con amigos y familiares.

Además de permitir esta conexión con amigos y familiares en línea, los usuarios pueden compartir fotos, vídeos, publicaciones y otro contenido en su perfil. También pueden unirse a grupos y páginas para conectarse con otros usuarios con intereses similares.

Facebook es importante para una estrategia de marketing digital porque ofrece una plataforma para llegar a una audiencia global en línea. Las empresas pueden utilizar esta red social para promocionar sus productos y servicios, para interactuar con sus clientes y para generar tráfico a sus sitios web. Además, ofrece una plataforma de publicidad que permite a las empresas llegar a su audiencia de manera más efectiva y mejorar su retorno de inversión, lo cual repercute positivamente en la generación de clientes potenciales y ventas.

Por último, una razón más de la importancia de Facebook dentro de una estrategia de marketing digital es la posibilidad de monitorear y medir el éxito de sus campañas de marketing online. Sus herramientas de análisis y medición permiten que las empresas midan el impacto de sus publicaciones, que determinen qué contenido es más efectivo y que puedan ajustar su estrategia en consecuencia.

ACCIONES
¡Y ACCIÓN!

Acción 122.– Conociendo Facebook y su audiencia tipo

Facebook es una red con un crecimiento orgánico limitado. Por ello, es necesario realizar una estrategia mixta de orgánico y pagado para hacer crecer la página de tu marca.

La audiencia tipo es madura y la forma de compartir información es más cerrada que en redes como Twitter o Instagram, no es una audiencia habituada a interactuar o compartir, por lo que es vital un plus de activación de la comunidad.

No te recomiendo la frecuente utilización de concursos o sorteos, pues no genera fidelidad o interacción constante con tus seguidores.

Facebook requiere de paciencia y constancia para compartir contenido de valor que enriquezca al seguidor.

Acción 123.– Elige el tipo de página a crear y que se adapte a tu empresa, marca o servicio

¡Es el momento de crear tu página de Facebook!

Antes de comenzar a crearla debes saber que puedes encontrar 6 tipos de páginas y que deberás escoger aquella que se adecue a tu marca, empresa o servicio.

¿Cuáles son los tipos de página en Facebook?

- Lugar o negocio local.
- Empresa, institución u organización.
- Marca o producto.

- Artista, grupo musical o personaje público.
- Entretenimiento.
- Causa o comunidad.

Selecciona la que mejor se adapte y comienza con la creación de tu página de Facebook.

Acción 124.– Nombre de la página de perfil: recuerda, todo al unísono

¡Recuerda la estrategia!

El nombre de la página de perfil y usuario debe ser el mismo para todas las redes sociales en las que la empresa o marca genere su actividad digital para evitar confusiones, distorsiones de marca y para que el usuario siempre recuerde tu nombre correcto.

Acción 125.– Foto de perfil y cabecera: adaptadas para una imagen adecuada

Tu foto de perfil debe estar adaptada a los requerimientos de Facebook, recuerda el tamano de 180 x 180 píxeles para evitar distorsiones o una imagen de marca recortada.

No olvides que debes trabajar este elemento para evitar percepciones negativas sobre la marca, como la desconfianza. La primera impresión puede ser determinante para atraer a tu audiencia o público objetivo.

La foto de cabecera debe estar adaptada a un tamaño de 851 x 315 píxeles. Te recomiendo emplear un formato en .png y si incluyes «letras», que sea tu claim o algo reseñable y memorable para el usuario.

No abuses del texto en la cabecera, revisa cómo se muestra la cabecera en los diferentes dispositivos, móviles, tablets y ordenadores.

¡Cuida hasta el mínimo detalle!

Acción 126.– Información de perfil: elementos clave

Completa toda la información de tu página; es clave generar confianza y seguridad a quienes visiten tu página y puedan conocer quién eres, qué ofreces, hitos y trayectoria.

 Tip.– Sobre la información de perfil: elementos.

En la información de perfil encontrarás los siguientes elementos clave:

- Presentación (anteriormente denominada descripción corta): defínete en 2 líneas, es el primer impacto.
- Descripción: en este apartado podrás aportar más información sobre qué haces, qué soluciones aportas a tu público objetivo y tu objetivo.
- Información sobre ubicación, contacto, horarios de apertura (si aplica), web, perfiles sociales.
- Servicios y rango de precios: habla de las soluciones que aportas y el rango de precios. Toda información es clave para provocar acción.
- Información legal: incluye la política de privacidad para conocimiento de tus seguidores, clientes o leads potenciales que visiten tu página de Facebook.
- Transparencia de la página: proporciona información sobre quién administra la página, roles de las personas que la administran, así como el país, fecha de creación de la página, cambios (si los hubiera) de nombres de la página y si la página es o ha sido controlada por cualquier medio u organización gubernamental.

Recuerda que es necesario tener completa la información de tu página por responsabilidad y transparencia ante tus seguidores.

Acción 127.– Categoría de tu empresa: para clasificarte

En tu página de perfil, para una correcta identificación y clasificación, coloca a qué categoría pertenece o en qué tipo de sector participa tu empresa, marca o servicio.

Ejemplo: imagina que tu empresa es un ecommerce de productos de alimentación. En Facebook tienes la posibilidad de colocar una categoría de alimentación y vinos.

Acción 128.– Botones para la acción

En la parte superior de Facebook tendrás la posibilidad de colocar botones para acciones inmediatas por parte del usuario, como «enviar mensaje», «ir a la web» o «contactar». Elige qué botón es esencial para tu marca, empresa o servicio.

Este CTA (Call to Action o llamada a la acción) podrás modificarlo según tus necesidades, pero sí te recomiendo encarecidamente que lo emplees para provocar una acción por parte del seguidor, usuario o potencial lead.

Acción 129.– Publicación de posts: formato, hora y copys

Parte del éxito de una página de Facebook depende de la constancia, la perseverancia y el esfuerzo por mantener un perfil activo y con contenido atractivo para los seguidores.

Debes tener en cuenta que puedes publicar en diversos formatos

- **Texto + enlace:** el enlace puede ser un contenido propio de tu blog o contenido de terceros de interés para tu audiencia, o un vídeo de YouTube propio o de terceros.
- **Imagen:** puedes crear y compartir una infografía, una cita, una imagen que aporte un mayor impacto a un enlace.
- **Vídeo.**

Recuerda los formatos necesarios

- Imágenes de publicación: 1200 x 630 px.
- Vídeo: 1080 x 1080 px.
- Stories (recuerda que tienes la opción de compartir stories en Facebook): 1080 x 1920 px.

Sobre el copy para tus publicaciones

No olvides redactar un copy atractivo, adaptado al tono y a la forma de comunicación de la red, pero sin olvidar tu propia esencia para comunicar cada uno de tus contenidos.

 Tip 1.– No repliques tus copys en otras redes.

No repliques la misma publicación con el mismo copy en todas tus redes sociales, trabaja cada contenido, dale la forma idónea para cada red —en este caso para Facebook— y adáptate, sé flexible.

Tip 2.— Hora de publicación.

Estudia y analiza la hora óptima para la publicación de tus contenidos. En la nueva versión de Facebook tienes la capacidad de ver la «hora óptima de publicación» para adaptarte a los horarios de «consumo» de contenido por parte de tus seguidores.

 Bola extra.— Si utilizas herramientas de terceros como Metricool.

Si empleamos herramientas de terceros como Metricool, en la zona de planificación y programación de contenido podrás observar cuál es la mejor hora de publicación junto con el porcentaje de conexión de tus seguidores.

Acción 130.— Reseñas y opiniones

Las reseñas, opiniones o valoraciones dan credibilidad, seguridad y confianza a otros usuarios. Debo recordarte que el consumidor actual busca en foros u opiniones de terceros el trampolín perfecto para elegir un producto, marca o adquirir un servicio.

Cuida de tus reseñas, opiniones o valoraciones, no ocultes lo negativo y sé proactivo en conocer el porqué de una opinión negativa, y muestra disposición para poder solucionar la incidencia. Si las reseñas son positivas, responde, mantén una conversación entre tu consumidor y la marca, agradece su confianza. Cuídalo y lo fidelizarás.

 Tip 1.— Invita a valorar tu marca, empresa o servicio.

Haz que tus consumidores, usuarios o clientes valoren tu marca, empresa o servicio para generar confianza, para ayudarte a mejorar día tras día y para poder crecer juntos.

Tras una compra o adquisición se genera una estrategia o conversación para provocar esa valoración en redes sociales, y así obtener credibilidad y reputación frente a competidores.

 Tip 2.— Compartir las valoraciones.

Comparte en el resto de los canales sociales de la empresa, marca o servicio la valoración positiva del consumidor o cliente, hazles sentir protagonistas dentro de la comunicación de marca.

Haz un agradecimiento en público y «haz sonreír» a tu cliente, seguidor o consumidor.

Acción 131.– Gestión de comunidad: necesidad de interactuar y responder a comentarios

La gestión de comunidad es una parte esencial en redes sociales.

En Facebook, aunque la comunicación entre marca y usuario, por lo analizado y estudiado, es menor que en otras redes sociales, es necesario mantener un punto de conversación, respondiendo a comentarios o menciones por parte del seguidor.

Mantente alerta ante cualquier mención, comentario o valoración que pueda llegar a tu página de Facebook. Incluso en cada campaña de Ads recibirás comentarios; revísalos y responde ante cualquier duda o consulta.

Acción 132.– ¿Utilizar o no utilizar hashtags?

Facebook no es la red social más adecuada para utilizar hashtags, no te recomiendo que sigas la metodología de Instagram o Twitter donde el hashtag te permite amplificar la voz del tweet, post, vídeo o reel.

Mi recomendación es emplear como # el nombre de la marca y la temática principal del post para etiquetar y clasificar el contenido.

Evita una granja de hashtags, pon foco en la creación de contenido de valor y en una estrategia mixta de orgánico y pagado.

Acción 133.– Contenidos de terceros para la repercusión

Facebook es una red que necesita de un impulso extra para su activación y la atracción de seguidores, así como interacción con la propia página desde los últimos cambios de algoritmo.

Compartir contenidos de terceros puede ayudarte a generar visibilidad y atracción hacia tu perfil, además de crear lazos de comunicación con terceros con una mayor repercusión, influyendo positivamente en tu notoriedad y posicionamiento.

Esta opción de contenido te permite proporcionar una mayor diversidad de contenido y animar a la interacción entre usuarios y contenido.

 Tip.— Elabora una lista de medios, revistas o personas de interés.

Para facilitar tu trabajo diario en las redes sociales haz una lista por temática y área de medios de interés, revistas, blogs, podcasts o personas para compartir contenido relevante de terceros.

Esta lista te permite filtrar contenido y centrarte en la búsqueda de lo que deseas compartir, para generar repercusión y nutrir tus redes.

Acción 134.— Creación de campañas para potenciar tu página

Crea y genera una estrategia de Ads para potenciar tu página de Facebook; recuerda que el crecimiento orgánico es limitado y se hace necesario una estrategia mixta para conseguir repercusión, notoriedad y ser un potente altavoz de difusión.

Para desarrollar tu estrategia de Ads deberás establecer qué objetivo quieres conseguir con la campaña:

- **Reconocimiento:** para la primera etapa de conocimiento de la marca.
  - ‣ Alcance.
  - ‣ Reconocimiento de marca.
- **Consideración:** una vez tu marca es reconocida, has de mostrar que eres la solución perfecta para ser considerada como la opción perfecta. Podrás trabajar con los siguientes objetivos.
  - ‣ Tráfico.
  - ‣ Interacción.
  - ‣ Descarga de aplicaciones.
  - ‣ Reproducciones de vídeo.
  - ‣ Generación de clientes potenciales.
  - ‣ Mensajes.
- **Conversión:** es el momento de transformar en venta o generar la acción para el lead.
  - ‣ Conversiones.
  - ‣ Ventas del catálogo.
  - ‣ Tráfico en el negocio.

Tip.— Los elementos para una campaña de éxito.

Ten en cuenta los siguientes elementos para una campaña de éxito, pero recuerda que estos ingredientes no son como la fórmula de la bebida refrescante, sino que deberás trabajar lo orgánico.

- Copy atractivo, único y directo.
- Imagen o vídeo capaz de atraer en un solo vistazo, los 3 primeros segundos son esenciales para captar la atención.
- CTA llamativo y que provoque la acción.

Acción 135.— Programar posts: automatiza lo rutinario

Programa el contenido para concentrar tu atención en crearlo, depurar y filtrar, gestionar comunidad y analizar el rendimiento de cada una de tus acciones y de tu página.

Para automatizar tus posts puedes emplear la propia herramienta de publicación de Facebook, con la que puedes conocer la hora óptima de publicación.

Recordarte que también tienes herramientas de terceros para poder realizar la gestión de comunidad. Algunas de ellas:

- Hootsuite.
- Metricool.
- Buffer.

Tip.— Analiza la hora de publicación, no lo des todo por hecho.

Automatizar los posts te da una bola extra llamada tiempo, para analizar y mejorar tu estrategia de contenido, realizar la gestión de comunidad y generar nuevas ideas para revitalizar tus canales sociales, pero debes comprobar que el contenido publicado a la hora indicada está en el horario óptimo. Comprueba el feeling con la comunidad, rendimiento e interacción.

Acción 136.— Diversidad de contenido para impactar

Genera contenido de diversas tipologías: imágenes, vídeos, audios, directos, infografía. Enriquece tus redes sociales con una cronología de posts que aporten valor tanto en forma como en propio contenido.

Impulsa la diversidad con contenido de terceros, aumenta tu capacidad de impacto, consigue menciones, comentarios y compartidos para amplificar tu voz.

Mantente alerta, observa tendencias y analiza tus resultados.

Acción 137.− Atención al cliente través de Messenger

Activa tu Messenger para recibir consultas y preguntas de tus seguidores, así como de clientes potenciales. Para una mayor atención genera unas preguntas predeterminadas que te ayuden a «ahorrar» tiempo durante la consulta.

Muestra tu disponibilidad o ausencia en el chat para que el usuario tenga conocimiento de tu estado y tu capacidad de respuesta; genera mensajes predeterminados durante tu ausencia para proporcionar una contestación rápida que aporte información al usuario, como horario de atención, posibles vías de contacto y tiempo de respuesta estimada para la consulta o mensaje.

 Bola extra.− Messenger en tu Wordpress.

Debes saber que puedes instalar Messenger como herramienta de atención al cliente en tu Wordpress. Te recomiendo el plugin Facebook Chat Plugin.

Acción 138.− Creación de grupos para fidelizar

Crea un grupo para compartir contenido exclusivo, para generar una comunidad más fiel donde informar sobre novedades, como nuevos servicios, productos, promociones o incluso sorteos para generar conversiones.

Te recomiendo también crear grupos para mostrar tu experiencia y conocimiento sobre tu sector atrayendo a nuevos seguidores.

Acción 139.− Analiza tu rendimiento y ajusta tu estrategia

Quizás suene repetido cuando leas estas líneas, y no te quito razón, pero si no mides no podrás analizar el rendimiento de tu página para realizar los ajustes de estrategia necesarios para mejorar y optimizar.

Recuerda que no has de estar por estar en redes, debes ser proactivo desde tu propia posición. Piensa que son valores que se transmiten y se proyectan hacia el exterior aunque creas que estás detrás de una pantalla.

Acción 140.– No al spam: olvídate de autopublicitar sin valor tu página en grupos

Una de las acciones más recurrentes en Facebook para conseguir notoriedad o visibilidad es publicar en grupos sobre servicios, productos o empresas sin generar valor, dejando una sensación de spam y ningún motivo para acceder a lo publicado o visitar el perfil.

No hagas spam, aporta valor; si participas en un grupo, forma parte de la conversación, genera debate, muestra tu conocimiento y experiencia, aporta soluciones. Todo ello hará que tu marca se perciba positivamente generando la posibilidad de visita al perfil o tráfico hacia la web.

Acción 141.– Integra tu Instagram: control de comentarios, mensajes directos y programar posts

Vincula tu cuenta de Instagram dentro de la suite de Facebook para un control directo de mensajes, comentarios, rendimiento y posibilidad de programar publicaciones junto con la hora más óptima.

 Tip.– Cuidado con parecer un robot.

¡Querido lector!

Aún no llegamos a Instagram, pero quisiera hablarte de la capacidad de automatizar los posts que se publican en Instagram al compartir directamente en Facebook. Recuerda, y ten en mente, que cada red social tiene su propia voz, tono de comunicación y reglas no escritas, como la utilización de hashtags.

¡No seas un robot!

Acción 142.– Participa en grupos de interés para aportar valor y favorecer tu notoriedad

Para conseguir relevancia dentro de Facebook y captar la atención, te recomiendo participar en grupos de tu interés, en grupos de tu sector, donde puedas mostrar tu conocimiento y compartir valor a través de tu contenido o comentarios en posts de terceros.

Establece lazos de interacción con los integrantes del grupo, muestra un perfil proactivo, participa en debates, propón temas relevantes y provoca un aprendizaje en cada acción realizada en el grupo.

¿Por qué participar en grupos de Facebook?

- Reconocimiento y notoriedad, una oportunidad de hacerse notar y estar presente entre los integrantes de tu sector.
- Descubrimiento de tendencias o novedades de terceros.
- Obtención de repercusión y amplificación del mensaje.
- Atracción de nuevos seguidores y leads.

Acción 143.– Selecciona tus referentes en Facebook y estudia su forma de trabajar la red para mejorar tu perfil

En Facebook tienes la posibilidad de «vigilar» páginas de la competencia, conocer sus datos de rendimiento y tipo de contenido compartido. Selecciona 3-4 competidores o referentes, estudia, analiza e investiga sus acciones.

¿Por qué vigilar o estudiar a los referentes?

- Adquirir nuevas ideas de contenido.
- Conocer al público objetivo (recuerda que si es competidor ofrecéis la misma solución para una necesidad concreta).
- Observar el rendimiento de los contenidos y su capacidad de impacto, impresión y alcance.
- Determinar la necesidad de realización de campañas de Ads para posicionarte por encima de la competencia observando los resultados que obtiene el competidor directo.

Acción 144.– Vincular con Whatsapp para un paso más hacia la excelencia en la atención al cliente

¡Atención al cliente! ¿Cuántas veces a lo largo de este capítulo o libro te he hablado de la importancia de la atención al cliente como piedra angular de tu estrategia?

Quizás más de las que debería, y hasta puedes pensar que me repito hasta la saciedad, atención al cliente y métricas, pero es que debes pulir hasta el mínimo detalle y ahora toca volver a dar luz a la atención al cliente.

En Facebook tienes la oportunidad de chat a través de Messenger, pero también tienes la posibilidad de vincular la cuenta de Whatsapp Business, para que tus clientes actuales o potenciales puedan contactar contigo directamente, o incluso realizar una campaña de clic que puedas dirigir a tu Whatsapp Business. Vincula tu cuenta de Whatsapp con Facebook para poder tener el CTA de Whatsapp Business en tu página de empresa. Cubre todos los posibles puntos de contacto con el cliente, hazle ver la multitud de formas de contacto y la capacidad de adaptación a todo tipo de vías de contacto.

A continuación te muestro cómo vincular tu cuenta de Whatsapp:

1. Ve a tu página de Facebook.
2. Haz clic en **Configuración**.
3. En la columna de la izquierda, haz clic en **WhatsApp**.
   Nota: solo veras la opción WhatsApp en la página de Facebook de tu empresa. No verás la opción WhatsApp en tu perfil personal de Facebook.
4. Elige el código de tu país.
5. Ingresa el número de teléfono con tu cuenta de WhatsApp Business.
6. Haz clic en **Continuar**.
7. Ingresa el código de confirmación que recibiste.
8. Haz clic en **Confirmar**.

De esta manera, tu página de Facebook quedará conectada a tu cuenta de WhatsApp.

Acción 145.– Utiliza la función de destacados para dar relevancia a contenidos

¡Novedad, novedad! Hay posibilidad de fijar elementos de la marca, empresa o servicio que sean reseñables e importantes.

¿Qué elementos pueden fijarse o mostrarse como destacados en la página de empresa?

- Eventos próximos de la marca que deben destacarse para captar la atención de los seguidores, como pueden ser presentación de insights, charlas, talleres o streaming.

- Vídeos recientes. Imagina que has creado un vídeo sobre un producto nuevo y has realizado su presentación. Puedes fijar el elemento durante un tiempo determinado para captar la atención de nuevos visitantes o seguidores.
- Publicaciones. Posts o notas de prensa que desees destacar para la información o conocimiento de los seguidores.

Fija elementos que generen repercusión y capacidad de captar la atención, pero renueva los elementos fijados y no permanezcas inmóvil: actualiza.

Acción 146.— Anuncios automatizados

¡Y llegó la hora de automatizar los anuncios!

Facebook te ofrece la posibilidad de generar anuncios automatizados basados en tus referencias sobre qué es lo más importante y reseñable para tu negocio. Siguiendo tus indicaciones, Facebook te recomendará anuncios personalizados.

¿Por qué utilizar anuncios automatizados?

- Mejora continua de resultados de acuerdo con los datos obtenidos con la publicación de campañas y rendimiento.
- Consecución de objetivos empresariales.

¿Cómo pueden ayudarte los anuncios automatizados?

- Capacidad de proponer diferentes versiones de un anuncio para obtener el tipo de anuncio con mejor rendimiento y realizar las mejoras sobre la base del conjunto con mejores resultados.
- Sugerencia de audiencias personalizadas.
- Recomendación del presupuesto óptimo para un mayor rendimiento de la campaña.
- Notificaciones para mejora de la campaña, desde imágenes hasta sugerencias de cambio para incrementar los resultados.

 Tip.— Automatizado y personalizado sí, sin estrategia no.

No generes campañas de Ads sin una estrategia previa, sin un documento donde establezcas objetivo de la campaña y métricas clave para analizar el rendimiento de los datos obtenidos durante el tiempo de duración de la campaña.

Automatiza, pero plantea tu estrategia previa.

10

LINKEDIN
LAZOS PROFESIONALES

LinkedIn es una red social profesional que se utiliza para conectar a profesionales de todo el mundo. Fue fundada en 2002 y actualmente cuenta con más de 700 millones de usuarios.

Esta red social está diseñada específicamente para profesionales. Los usuarios pueden crear un perfil de LinkedIn que incluye su experiencia laboral, su educación, sus habilidades y otros detalles relevantes para su carrera. Además, pueden conectarse con otros profesionales y empresas, unirse a grupos de discusión y compartir contenido relacionado con su campo.

La importancia de LinkedIn para una estrategia de marketing digital se basa en que ofrece una plataforma para llegar a una audiencia profesional. Las empresas pueden utilizar LinkedIn para promocionar sus productos y servicios, para conectarse con profesionales de la misma industria y para generar clientes potenciales y ventas. Además, ofrece una plataforma publicitaria que permite a las empresas llegar a su audiencia de manera más efectiva y mejorar su retorno de inversión.

Otro punto a su favor es su importancia como herramienta para el reclutamiento y la búsqueda de empleo. Puedes utilizar LinkedIn para buscar candidatos cualificados para tus vacantes de trabajo, y los profesionales pueden utilizarla para buscar nuevas oportunidades laborales y conectarse con empleadores potenciales.

ACCIONES
¡Y ACCIÓN!

Acción 147.– Nombre de la página. Recuerda: al unísono

¡Siempre repetimos! Recuerda crear la página de empresa con el nombre de la marca, es obvio y lógico, pero es primordial que el nombre sea mostrado como en todos y cada uno de los canales sociales que emplea la empresa, marca o servicio.

Personaliza la URL de la página de empresa para una correcta identificación por parte de seguidores o visitantes, sigue la línea de marca para la personalización de la URL.

Acción 148.– Foto de perfil y cabecera: adapta a los requerimientos

Adapta tu foto de perfil a los requerimientos de tamaño de LinkedIn. Es necesario que abordemos esta acción con el fin de evitar confusiones o mostrar distorsionada la identidad de la marca, empresa o servicio para no generar problemas de seguridad, confianza o cualquier percepción negativa sobre la marca.

¡Recuerda! Tamaño de la foto de perfil debe ser de 400 x 400 px y como mínimo de 268 x 268 px.

¡Una imagen de cabecera para impactar!

Crea una imagen visualmente atractiva, no emplees un exceso de texto en la cabecera, pon el foco en tu claim y haz que sea diferenciador, invita a la acción. Te recomiendo revisar la cabecera o imagen de portada en diferentes dispositivos para comprobar cómo puede ser vista por el público.

¡Recuerda! El tamaño de la foto de portada debe ser de 1128 x 191 px.

Bola extra.— Toma inspiración

Puedes emplear herramientas como Canva para realizar la imagen de portada de LinkedIn; encontrarás plantillas gratuitas para generar la creatividad.

Acción 149.— ¡No olvides completar toda la información de tu perfil!

Completar la información es clave para generar confianza, seguridad y transparencia sobre quién eres, trayectoria y solución que aportas. Tómate el tiempo necesario para completar de manera veraz y fidedigna la información sobre tu empresa.

Elementos clave de la información de tu página de empresa

Detalles de la empresa:

- Sector: indica tu sector para una correcta identificación por parte de los seguidores y visitantes de tu página.
- Tamaño de la empresa.
- Tipo de empresa: deberás indicar alguna de las siguientes categorías del desplegable: autónomo, empresa pública, organización gubernamental, organización sin ánimo de lucro, empresa individual, financiación privada u asociación.

Claim o lema:

Una de las novedades que implantó LinkedIn fue la posibilidad de añadir el lema o claim de tu empresa, marca o servicio, algo diferenciador que te hace único.

Si no tienes lema, genera una descripción corta de una línea sobre tu solución, sé claro y conciso, capta la atención y hazle ver a quien te visita que eres su elección para entrar en su embudo de consideración.

Botones:

Genera tu CTA. Lo verás en posteriores acciones, pero es clave que incluyas en tu página de empresa un botón para provocar una acción concreta.

Acerca de:

- **Descripción:** hora de hablar de la empresa. Presenta la información de manera clara para que pueda entenderse quién eres y cuál es tu solución.
- **Sitio web:** emplea un acortador de URL para trackear la información y medir el impacto hacia la web para comparar con Analytics.
- **Teléfono.**
- **Año de creación.**
- **Especialidades:** indica en qué estás especializado o eres experto para un completo conocimiento de las soluciones que aporta tu empresa.

¡Completa el perfil!

Acción 150.– Planifica tu contenido y genera valor

Planifica tu contenido, los días de publicación y da consistencia a tu trabajo en LinkedIn. Siempre haré hincapié en dos elementos: constancia y perseverancia. Es necesario un trabajo continuo para gestionar la labor y obtener los resultados deseados en un tiempo siempre prudencial. Recuerda que se necesita un plazo medio (6 meses mínimo) para ir «recogiendo» los frutos del trabajo en redes sociales.

Crea valor con un contenido depurado, nuevo y de interés en un área en la que seas capaz de mostrar el conocimiento, la experiencia y el prestigio de la empresa.

Acción 151.– Enriquece tu página de empresa con diferentes formatos de contenido

Para mantener una página de empresa atractiva según el contenido, emplea diferentes formatos de contenido que aporten riqueza visual. Puedes emplear vídeos, casos de estudio o insights, multistreaming desde otras plataformas o infografías.

Poner a disposición de tus seguidores diversos formatos hace «más apetecible» consumir tu contenido. Generar diferentes formatos de contenido, como vídeos, casos de estudios o infografías puede provocar de manera positiva la acción de compartir.

Acción 152.– Mide y analiza

Mide y analiza cada contenido u acción realizada. Debo advertirte de que en LinkedIn vas a necesitar una herramienta de terceros para comparar las analíticas y extraer más jugo a tu actividad en dicha red social.

Centra tu atención en los resultados hacia tu público objetivo y tu sector, y evalúa tu rendimiento mes a mes para realizar ajustes que te permitan seguir creciendo, pero ante todo debes pensar que necesitas de una consolidación de la estrategia.

¿Qué métricas encontrarás en LinkedIn Estadísticas?

- **Visitantes:** en esta primera pantalla de la analítica podrás ver información referente a las visitas a tu página de empresa. Métricas que podrás observar:
  - › Visualizaciones de la página.
  - › Visitantes únicos.
  - › Características de los visitantes: demográficas, sector, nivel de experiencia, función y tamaño de la empresa en la que trabaja.
- **Actualizaciones:** en esta segunda pantalla podrás examinar el rendimiento de las publicaciones y la interacción de la comunidad. Métricas que podrás observar:
  - › Impresiones.
  - › Clics.
  - › CTR: este ratio nos proporciona información sobre el interés por las publicaciones, es decir, es el porcentaje de clics comparado con las impresiones.
  - › Referente a la comunidad:
    - - Recomendaciones.
    - - Comentarios.
    - - Veces compartido.
    - - Interacción social.

Acción 153.– Observa a tu competencia, aprende y crece

Analizar la forma de comunicar, generar contenidos e interactuar de tu competencia te ayudará a entender y a encontrar nuevos puntos críticos de comunicación. Mirarte en el espejo de la competencia puede ayudarte a detectar contenido de interés que puedas generar y crear para tu comunidad.

Observa la comunidad, cómo interactúan, qué contenido les proporciona un mayor rendimiento, y aplica casos de éxito a tu estrategia de contenido.

Acción 154.— Analiza grupos de interés y crece a través del contenido: aporta valor

Participa en grupos de interés de tu sector, genera interacción y aporta valor con contenido, interviniendo en debates y atrayendo la atención hacia tu página de empresa.

¡Hazte notar! Lo esencial es que seas capaz de aportar y generar valor además de aprendizaje a los integrantes del grupo, que, asimismo, percibirán tu marca de forma positiva, lo que te permitirá obtener notoriedad, prestigio y reconocimiento.

¡No tengas miedo a participar y aportar valor!

Acción 155.— Realiza tus directos con opción multistream: no te olvides de LinkedIn

Si realizas un directo en una plataforma como Twitch o YouTube, configura a través de OBS, herramienta para multistream, la posibilidad de visionado en LinkedIn para ofrecer un contenido audiovisual de calidad con la capacidad de atraer a nuevos seguidores y conquistar a los actuales.

Te recomiendo que emplees la oportunidad que te ofrece LinkedIn para generar un evento sobre el directo, y lo publiques y compartas a través de un mensaje directo a tu público para que pueda tener tu evento en su radar.

Acción 156.— No spam: no mensajes sin valor

Uno de los mayores problemas de LinkedIn son los mensajes sin valor, la autopublicidad y el spam continuo sin valor, que está ocasionando un deterioro de la propia red social de manera global.

Si realizas un comunicado directo, es decir, un mensaje, que sea de interés y dirigido al público objetivo. Personaliza el mensaje, pero nunca envíes un mensaje masivo, ya que generan confusión y una percepción negativa sobre la empresa.

Acción 157.– Atrae con contenidos y perfiles de terceros para generar interacción

Elabora una lista de perfiles y medios de terceros de interés para compartir contenido en tu perfil, menciónalos, desarrolla el copy y comparte el contenido que creas interesante para tu comunidad.

¿Por qué compartir contenido de terceros?

- Atraer al público objetivo que aún no has sido capaz de alcanzar con tu contenido.
- Generar interacción con perfiles atrayentes para obtener visibilidad, que se traduceen visitas al perfil, nuevos seguidores o interacción con tus publicaciones.
- Aportar valor mediante contenido diverso.

Acción 158.– Invita a tus contactos objetivo a seguir a tu empresa, pero sin spam

¡Sin spam!

Tus primeros pasos siempre son complicados, debes tomar «horas de vuelo» para, poco a poco, ir haciendo crecer la página de la empresa.

Una de las herramientas que puedes emplear es invitar a tus contactos que sean objetivo —recalco: objetivos de tu empresa— a ser parte o formar parte de la comunidad que se creará en torno a tu marca.

 Tip.– No tengas la tentación, no es un paraíso.

Debo aconsejarte que de nada sirve invitar a tus conocidos (que no son objetivo) a formar parte de la comunidad de tu empresa salvo para «hacer crecer» a tus seguidores en unas semanas; los números no tendrán valor y no podrás conocer el alcance verdadero de tus acciones.

Más no es mejor, mejor es saber generar comunidad interesada en lo que eres y aportas. Lo mejor siempre es la calidad, no un elevado número de seguidores en una comunidad zombie.

Acción 159.– A la búsqueda de talento: ofertas de empleo

¡Tu empresa crece y es hora de iniciar la búsqueda de talento para impulsarte hasta el infinito y más allá!

En LinkedIn tienes la posibilidad de generar ofertas de empleo para recibir el talento de la red. Cuando elabores tu oferta de empleo sé lo más específico posible, no guardes ningún dato, sé claro con los requisitos y sobre todo recuerda que tras un contacto hay una persona con la que deberás gestionar su candidatura, tanto a si es elegida como si no para cubrir la vacante.

Sé humano con los CV que recibes, dedica tiempo para observar cada perfil y dale una respuesta si no es elegido; elimina la incertidumbre de la persona que ha llegado hasta a ti y piensa que es un valor positivo a destacar sobre tu marca, empresa o servicio.

Acción 160.– Una pestaña para conectar con el equipo: «Mi empresa»

¡Una pestaña para el equipo!

En la zona de «Mi empresa» tus empleados podrán ver hitos de los compañeros de trabajo, interacción y publicaciones destacadas, contenido relacionado con la empresa y la posibilidad de contactar con otros empleados.

¿Por qué generar una pestaña «Mi empresa»?

- Orgullo de pertenecer a la empresa.
- Aprendizaje compartido entre compañeros.
- Humanizar al equipo.

A tener en cuenta

- La pestaña es una herramienta interna para generación y creación de ambiente de equipo, para mejorar cooperación y sinergias entre compañeros.
- Solo pueden ver la pestaña de «Mi empresa» los empleados asociados a la empresa.
- Los superadministradores podrán gestionar la visibilidad de los contenidos de los empleados.
- La pestaña de «Mi empresa» solo está disponible para empresas con más de 10 empleados asociados.

¿Qué información incluye la pestaña «Mi empresa»?

- «La empresa» hoy: donde se mostrarán los hitos más reseñables de los empleados.
- Recomendaciones: aparecerá el contenido recomendado por la empresa para compartir con la red.
- Contenidos de compañeros que son tendencia y aportan valor.
- Conexión con otros compañeros.

Acción 161.– Los testimonios de los clientes y empleados para obtener prestigio, notoriedad y seguridad

¡Testimonios, la palabra de la confianza!

Invita a tus clientes a realizar un testimonio sobre tu empresa para generar un halo de confianza y valoración por parte de los visitantes.

El testimonio aporta veracidad, otorga notoriedad por el conocimiento y la experiencia en el sector, seguridad en la solución y confianza al leer otras experiencias al contratar a la empresa.

Acción 162.– La vida de empresa: pon en valor tu cultura corporativa

¡Proyecta tus valores de marca, tu cultura corporativa!

Hitos, novedades, imágenes que muestran el día a día de tu empresa para que perciban quién eres.

¿Qué puedes destacar?

- Directiva de la empresa, saber quién está a la cabeza, «desvirtualizar» a través de una imagen y ser más humanos.
- Aspectos culturales destacados como son la cultura corporativa, la visión o los valores.
- Fotos de la empresa, instalaciones, equipo, procesos de creación y eventos.
- Testimonios de empleados, employer branding, proyección desde dentro hacia fuera de los valores de tu empresa. Tus empleados son el motor y ellos serán los primeros en evangelizar sobre la marca.

Te recomiendo dar forma y generar contenido para la vida en la empresa y así aportar cercanía.

Acción 163.– Los hashtags para etiquetar contenido

Plantea tu estrategia de hashtags, es decir, define aquellos términos que describen la temática de tu contenido e incorpora el hashtag o hashtags óptimos para cada uno de tus contenidos.

Te recomiendo como hashtag principal el nombre de tu empresa, imagina #nike, y colocar en cada una de tus publicaciones tu nombre de marca para mantener una escucha activa e imagen de marca.

Evita un uso excesivo de hashtags, emplea 2-5 hashtags, no generalices en el uso de los # y ve al grano para etiquetar, describir y categorizar tu contenido.

Acción 164.– Un CTA en tu página de empresa: acción rápida

¿Recuerdas los botones de los que hablamos en la acción 149?

Coloca un botón, como «enviar mensaje», «registrarte», «suscríbete» o «visita nuestra web». Selecciona el botón más conveniente para tu empresa, pero recuerda que puedes ir cambiando según tus necesidades para provocar una acción rápida. Sé flexible y mantente alerta para conseguir captar la atención o tomar contacto con el visitante o seguidor de tu página.

¡Recordatorio! En la zona de visitantes de las estadísticas obtendrás los datos de rendimiento de tu CTA y, en función de tus objetivos, además del análisis, podrás ir adecuando tu CTA.

11

INSTAGRAM

UNA IMAGEN

Instagram es una red social y aplicación móvil que permite a los usuarios compartir imágenes y vídeos con múltiples efectos fotográficos —como filtros, marcos, colores retro, entre otros— en la misma plataforma o en otras redes sociales. Esta popular red social de imágenes ha experimentado un crecimiento masivo en todo el mundo.

La historia de Instagram es impresionante, ya que solo cuatro años después de su lanzamiento se convirtió en la red social de fotografía más importante del mundo. Fue fundada en San Francisco por Kevin Systrom, quien creó una herramienta para fotografía hecha a la medida de la cámara del iPhone 4. La primera foto subida a Instagram fue de la mano de su fundador, con el objetivo de hacer la primera prueba de la aplicación. En 2011, se añadieron los ya famosos «hashtags» para ayudar a los usuarios a encontrar imágenes de una misma temática.

Instagram tiene más de 2.000 millones de usuarios activos y sirve para compartir imágenes y vídeos, aplicando filtros y retoques fotográficos para convertir una foto hecha con el móvil en una imagen profesional. Los usuarios pueden tomar una foto o grabar un vídeo desde su móvil, aplicar un filtro o un retoque fotográfico y compartirlo con su comunidad, ya sea de manera temporal o fija en su muro.

Actualmente, Instagram ofrece varias secciones como feed, reels, vídeos, guías y etiquetas o menciones, y cuenta con diferentes formatos, como solo imagen, vídeo, reels, stories y carrusel. La importancia de Instagram dentro de una estrategia de marketing digital radica en su capacidad para llegar a una audiencia global, para promocionar productos y servicios, para interactuar con clientes y para generar clientes potenciales y ventas.

ACCIONES
¡Y ACCIÓN!

Acción 165.– Nombre de usuario y perfil

¡Todos a una!

Creo que ya en la acción 165 lo del nombre de usuario puede sonar repetitivo, pero es mi deber recordarte una y otra vez la importancia de tener el mismo nombre en el usuario y en el perfil de la marca.

 Tip 1.– ¿Y si mi nombre no estuviese disponible?

> ¡Retrocedemos en el tiempo! Antes de realizar la apertura de la totalidad de los canales donde estará activa la marca comprueba la disponibilidad del nombre de tu marca.

 Tip 2.– ¿Y si dentro de mi estrategia no contemplase este canal?

> ¡Tu competencia te vigila!
>
> Asegúrate tu nombre de usuario para una posterior evaluación y reconsideración de tu estrategia de comunicación en redes sociales.

Acción 166.– ¡Cuidado con la foto de perfil! Adapta, adapta y adapta

Adapta tu foto de perfil, evita distorsiones en tu foto de perfil que puedan generar desconfianza y rechazo hacia tu marca.

Instagram recomienda un tamaño de 320 x 320 px, te aconsejo que la foto de perfil sea cuadrada, con aspecto de ratio de 1:1 para una correcta visualización en todos los dispositivos.

Acción 167.– Siempre cuenta profesional: personal solo para ti y tu círculo cercano

¡Cambia a una cuenta profesional!

Para trabajar tu marca, empresa o servicio en Instagram es obligatorio cambiar de cuenta personal a profesional para acceder a las capacidades completas de análisis, gestión y creación de Ads.

¿Por qué es obligatorio y esencial cambiar a una cuenta profesional?

- Acceso a estadísticas para un mayor control de las acciones y del rendimiento de las publicaciones.
- Mayor información y detalle para completar la biografía, así como elección de categoría, opciones de contacto o botones de llamada a la acción.
- Posibilidad de creación de anuncios para luchar contra el algoritmo de Instagram.
- Stories con capacidad de incluir enlaces, etiquetar productos, apoyo a las pequeñas empresas o pedido de comida para restaurantes, catering u otro servicio de hostelería y restauración.
- Integración con herramientas de terceros para la planificación y la programación de posts.
- Colaboraciones pagadas y publicaciones conjuntas que incrementen la repercusión y la notoriedad de tu marca, empresa o servicio.

Acción 168.– Biografía completa: clave y directa

Completa con el máximo detalle cada uno de los aspectos que conforman la biografía de tu cuenta profesional para aportar la información necesaria a tu seguidor, visitante o potencial lead.

Recuerda que el máximo de caracteres de la descripción de la biografía es de 150.

Emplea frases cortas, pero claras, sobre qué eres y qué ofreces, emplea emojis para destacar información.

 Tip.– Zona de detalles.

En tu cuenta profesional dispondrás de aspectos relevantes a completar:

- Categoría.
- Opciones de contacto, como correo electrónico, número de teléfono, ubicación y teléfono de Whatsapp Business. Es lo denominado como información pública.
- Botones de llamada a la acción (solo aplica para cuentas de la categoría de restauración y hostelería).
- Enlace a la web, u otra tipología, como árboles de enlaces, y enlace de Facebook.
- Creación de un avatar (en siguientes acciones trataremos por qué generar un avatar).

Acción 169.– Sobre tu imagen de marca: respeta tu identidad corporativa

Respeta tu identidad corporativa, empezando por una imagen de foto de perfil adecuada a los parámetros de Instagram, y, en cuanto a la creación de contenido, en los elementos de colores, tipografía y tonos de comunicación.

La identidad corporativa es la que conforma y da forma a la imagen de marca, a la proyección de valores, además de reforzar la percepción.

Acción 170.– Estrategia y objetivos: no te olvides de ellos

Establece previamente tu objetivo a conseguir en Instagram, recuerda que debes seguir la metodología SMART y durante un período de tiempo de 3 meses para una evaluación y un ajuste de la estrategia.

Son necesarios la estrategia y los objetivos para saber qué camino seguir y poder evaluar la efectividad de las acciones planteadas, y así mejorar día tras día el rendimiento de tu perfil social.

Acción 171.– ¡Cuidado con los hashtags! ¡No a las granjas!

Suele ser habitual el uso intensivo de hashtags generalistas y sin concordancia con la empresa, marca o servicio. Es vital que seas capaz de identificar los hashtags más relevantes para cada una de tus publicaciones.

Recomendación: elabora una lista de hashtags micronicho para posicionarte llegando a tu público objetivo y 1-2 generalistas que hablen de la actividad o sector de tu empresa.

Seguramente tengas una duda a resolver: ¿cuántos hashtags utilizar o emplear en la publicación?

Lo óptimo es utilizar de 5 a 6 hashtags, obviando los típicos de #followback #followporfollow o #picoftheday. Recuerda: foco, foco y foco para conseguir tus objetivos además de construir una comunidad sana y sólida.

Acción 172.– Los insights: mide, mide y mide

Medir es vital, si no mides el rendimiento de tu cuenta y de tus acciones no podrás conocer qué ocurre y qué puedes mejorar.

Las métricas te indican si sigues el camino marcado, si tu contenido es atractivo y provoca aprendizaje. Cada insights de Instagram te proporciona información que deberás analizar para poder realizar ajustes en el contenido.

 Tip.– Evalúa mes a mes.

Evalúa mes a mes el rendimiento de tu cuenta. Recoge en un cuadro de métricas cada dato y realiza una comparativa sobre la influencia de Instagram en tu tráfico web o su capacidad de generar leads, como puede ser suscripciones a una newsletter.

Acción 173.– Directos: posibilidad de amplificar el alcance e impacto

Hay una opción que aporta vitalidad a tu cuenta y que te permite generar conexiones con diversos perfiles afines que poseen la capacidad de llegar a tu público objetivo: los directos.

¿Por qué realizar directos en Instagram?

- Imagen de marca y trabajo de aspectos cualitativos como notoriedad, prestigio y reconocimiento de marca.
- Incremento del alcance de la cuenta y visibilidad.
- Generación de nuevo contenido adaptado a las preferencias de consumo de la red.
- Posibilidad de desarrollar, a partir de los directos, reels, carousel o infografías con lo más destacado.

Te recomiendo planificar directos relacionados con tu temática con personas de interés, así como elaborar un guion y una estrategia de promoción orgánica del directo para despertar el interés de tu comunidad y de la comunidad de la persona invitada a realizar el directo.

 Tip.— Pasos para crear y comunicar un directo.

- Elabora un documento sobre personas de interés y temática a tratar en el directo. Analiza e investiga en su perfil qué contenido ha conseguido un mayor impacto o su área de experiencia.
- Establece una estrategia de promoción orgánica:
  ‣ Creatividad para feed o vídeo para la presentación del directo.
  ‣ Stories:
    - Presentación del directo.
    - Creación de stories sobre la persona invitada, su experiencia, trayectoria, publicaciones más destacadas.
    - Desarrollo de un hilo de stories sobre la temática, con publicaciones de fuentes externas que avalen cada story y que aporten un valor extra.
    - Preparación de una «cajita» de preguntas para hacer llegar al invitado.
    - Cuenta atrás para el directo, para dar la posibilidad de activar una alerta.
  ‣ Hablar del directo en otros canales para llegar al máximo posible de seguidores, como perfiles sociales, email marketing o un post en el blog.
- Guarda tu directo para compartir posteriormente en tu feed, no olvides etiquetar o realizar publicación conjunta con el invitado.
- Para poder llevar el directo de manera fluida y centrada, genera un guion o un documento de apoyo para conducir la charla con el invitado.

¡A por tu primer directo!

Acción 174.— Publicaciones conjuntas para aumentar la repercusión

Las publicaciones conjuntas te ayudarán a incrementar impresiones, alcance y a multiplicar tus posibilidades de visita al perfil, lo cual incide directamente en clics en el enlace de la biografía, clic en el botón de contacto y nuevos seguidores.

Para una óptima publicación conjunta analiza y establece con quién realizar la publicación, tipo de contenido y formato del mismo.

Acción 175.– La fuerza de los reels

La capacidad de alcance de los reels es superior a una publicación del feed, ya que muestra el contenido de una manera audiovisual, concisa y con mayor facilidad de ser compartido debido al formato.

¿Por qué los reels tienen mayor alcance que una publicación de feed?

- Sonido, música que puede ser tendencia, y tienes la capacidad de añadir en el reel, lo denominado como sonido trend.
- Fuerza de los hashtags que ayudan a incrementar el alcance.
- Capacidad del propio reel al presentar el contenido de una manera o forma más apetecible.

 Tip.— Sobre los reels.

Quiero que en estas líneas conozcas las distintas características que dan forma al propio reel:

- Tiempo de duración máximo: podrás subir clips de 15 a 90 segundos.
- Capacidad de colocar filtros.
- Efectos.
- Tamaño de los reels: 1080 x 1920 px.
- Portada: podrás elegir un fotograma o una portada generada específicamente para el reel. Recomendación: genera una portada para cada uno de tus reels, que siempre respete la identidad corporativa y que esté asociada a la imagen de marca de la empresa.
- Título: añade un título que capte la atención del seguidor o usuario.
- Copy.

Acción 176.– Programa tus posts: foco

Si tu contenido ha sido planificado y creado te recomiendo programar tus posts a través de la herramienta de publicación de Facebook o herramientas externas como Metricool.

¿Por qué planificar?

Para tener y mantener el foco en analizar, investigar y medir las acciones, así como para seguir la estrategia que sustenta tu actividad en Instagram.

Planifica o programa tus posts optimizando las horas de publicación.

Acción 177.– ¡Gestión de comunidad!

En Instagram es vital cuidar y gestionar la comunidad para crecer, hacerte notar y atraer a nuevos seguidores, para conseguir dirigir tráfico o crear interacción con el contenido de tu cuenta.

La gestión de comunidad te permite estar activo y ser proactivo para la atención al cliente, responder a comentarios y DM, además de descubrir nuevos perfiles de interés.

Una recomendación: realizar una gestión de comunidad diaria de 1 hora como mínimo, interactuar con contenidos de terceros, realizar comentarios de valor, compartir stories y gestionar la actividad de tu cuenta.

Acción 178.– Revisa y elimina comentarios spam en las publicaciones

¡Limpia de spam tu cuenta!

Elimina los comentarios de spam que puedan llegar a tus publicaciones, borra todos aquellos mensajes recibidos a través de DM y mantén una cuenta libre de spam.

Acción 179.– El poder de las stories y sus posibilidades

Has de conocer dos características de las stories.

- No aparecen en el feed.
- Su duración es de 24 horas.

Según un estudio de Hootsuite, más del 58% de las personas que utilizan o visualizan las historias de Instagram se han sentido atraídas para realizar una compra, es decir, se han convertido en leads.

¿Y cuál ha sido la consecuencia ante tales datos?

Más de 4 millones de empresas han decidido promocionarse a través de stories o historias de Instagram para potenciar sus ventas adaptándose a la audiencia de Instagram.

Emplea las stories en tu estrategia, utiliza las diferentes posibilidades que pueden generarte mayor índice de participación, como encuestas, preguntas, pedir a domicilio o enlaces. No te olvides de utilizar elementos que capten la atención, como gifs o stickers. Y por último combina tu estrategia compartiendo stories de terceros, para seguir aumentando tu impacto y ofreciendo contenido a tus seguidores.

Acción 180. – Haz que tu comunidad forme parte de tu contenido

Haz partícipe a tu comunidad del contenido y de la propia actividad de la cuenta, genera un hashtag que evoque a una tribu, comparte su contenido, crea encuestas para la participación y abre preguntas en stories para el conocimiento y la actividad de tu comunidad.

Acción 181. – Revisa los etiquetados

Te recomiendo revisar adicionalmente los etiquetados para eliminar todas aquellas publicaciones que no sean pertenecientes a tu marca, empresa o servicio. Cuidado con el tipo de contenido en el que puedes ser etiquetado; si es necesario, denuncia la cuenta que te etiqueta en el contenido.

 Tip. – Si es un etiquetado correcto...

Si es un etiquetado correcto realiza un comentario en la publicación y pide permiso para publicar en stories, para dar protagonismo a tu comunidad.

Acción 182. – Highlights: los destacados

Los highlights son historias que permanecen para siempre destacadas en tu perfil de Instagram.

Las stories junto con los reels son los formatos de mayor consumo en Instagram. Según un estudio de Hootsuite el 58% de los usuarios se interesan por una marca tras verla en historias y la tasa de visualización de las historias es de un 86%. Estos datos te ofrecen la imagen para un análisis, donde las stories son clave para la estrategia de tu marca y los destacados te permitirán estructurar, ordenar y mostrar de manera permanente las historias más destacadas para atraer a los usuarios.

Destaca en tu perfil aquellas historias o stories con mejor rendimiento para la marca, organiza el contenido de los destacados por temática para una mejor ordenación y «navegación» por parte del usuario.

 Tip 1.— ¿Por qué organizar las stories a través de destacados?

- Generar visibilidad en las stories más destacadas y conformar/formar un segundo escaparate visual de la marca para conseguir el lead.
- Aumentar el tráfico a tu web.
- Persuadir a los leads o seguidores con un destacado código de descuento, novedades u ofertas temporales.
- Generar confianza con testimonios: valoraciones o stories donde has sido mencionado, mensajes (siempre con permiso previo) donde compartes la opinión a través de stories para posteriormente destacar, testimonios a través de vídeos de 15 a 90 segundos en stories con una reseña positiva hacia la marca, productos o servicios de la marca.

 Tip 2.— Qué tipo de destacados puedes generar

- Presentación: quién eres, personas que conforman tu organización, marca o institución.
- Respuestas frecuentes: FAQs.
- Demostración del producto o productos.
- Testimonios.

 Tip 3.— Lo que no debes hacer en los destacados

- Generar destacados por generarlos sin un previo análisis ni un estudio de los destacados más potentes para tu marca.
- Crear las categorías necesarias: no generes una lista infinita de destacados, sé claro y conciso. Renueva tus destacados y que solo permanezcan los 2-3 esenciales que sean básicos para la marca, empresa o servicio.

 ¡Bola extra!

Genera una portada para cada destacado, pero siempre respetando la identidad corporativa de tu marca. Una portada en cada highlight te permite mostrar una imagen cuidada y trabajada del perfil de tu marca.

Acción 183.– Fijar publicaciones para atrapar de un vistazo

Fijar publicaciones es una estrategia para destacar durante un tiempo predeterminado aquella publicación o publicaciones más atractivas para conseguir un mayor impacto, alcance y repercusión.

Recomiendo fijar de 2 a 3 publicaciones como máximo en tu perfil de empresa, rotar las publicaciones para refrescar y ofrecer contenido relevante nuevo.

 Tip.– No fijes por fijar.

No fijes una publicación por fijar, destaca aquellas publicaciones que han ofrecido u ofrecen un rendimiento superior a la media de tus publicaciones.

Acción 184.– Mensajes directos: revisa, responde y aporta solución

Recuerda que el cliente actual o potencial puede llegar a ti a través de mensajes directos. Te recomiendo encarecidamente que mantengas un control sobre los mensajes que puedas recibir por parte de clientes actuales, potenciales o seguidores.

Establece un protocolo de respuesta y un plan de contingencia frente a posibles crisis que afecten a la imagen de marca, y que te sirva de guía para una solución rápida, eficiente y eficaz.

Acción 185.– Ads para crecer desde la estrategia mixta

Genera una estrategia mixta de crecimiento para tu comunidad, para potenciar o generar tráfico hacia la web, para el reconocimiento de marca y la captación de leads a través de anuncios o publicaciones promocionadas.

Establece previamente el objetivo de la campaña, ubicación de la promoción (stories o feed), formato del anuncio (vídeo o imagen), segmentación Mi recomendación: trabaja a micronicho para una mayor efectividad de la campaña y establece el tiempo y el presupuesto de la misma.

 Tip 1.– Antes de lo pagado, trabaja lo orgánico.

Te recomiendo encarecidamente que trabajes lo orgánico antes de comenzar a tener una estrategia de Ads cuya efectividad sea nula o baja. Trabaja en conocer a tu comunidad, genera una base de seguidores sana y capaz de interactuar con tu contenido para posteriormente amplificar tu voz.

 Tip 2.— Recomendación de gestión de anuncios.

Es mi deber indicar que es conveniente trabajar la concepción, la creación y el lanzamiento de una campaña a través de la herramienta Business Manager de Facebook para un completo funcionamiento del anuncio.

Acción 186.— Tu feed de Instagram en tu web

Para aumentar la visibilidad de tu perfil de Instagram y generar tráfico o visitas al perfil, recomiendo la utilización de plugins de Wordpress para la web con la capacidad de mostrar el feed de Instagram en zonas determinadas de la página.

 Tip.— Plugins para mostrar el feed en tu web.

- Smash Balloon, mediante el que podrás mostrar tu feed de una manera más personalizada y adaptable a dispositivos móviles.
- WPZoom Social Feed Widget & Block.

Acción 187.— Utiliza «árboles de enlaces» con herramientas de terceros

¿Quieres mostrar una serie de enlaces esenciales para tu empresa, marca o servicio?

¡Recuerda! En la biografía solo existe la posibilidad de mostrar un único enlace, pero desde hace tiempo han surgido nuevas herramientas de terceros que permiten mostrar diversos links, que enlazan con diferentes páginas o dirigen al público objetivo hacia una acción determinada al hacer clic, como visitar un post, un producto o contactar a través de Whatsapp.

 Tip 1.— ¿Por qué utilizar «árboles de enlaces»?

- Destacar páginas esenciales para la empresa, marca o servicio.

- Capacidad de mostrar diferentes contenidos en un solo clic.
- Potenciar diferentes aspectos de la marca, como pueden ser productos, contenido escrito, descargables, tests.

 Tip 2.— Herramientas externas.

- **Linktree:** tendrás opción gratuita, capacidad de personalizar la apariencia, añadir miniaturas a los enlaces y análisis de rendimiento de cada uno de los enlaces creados para mostrar.
- **Metricool:** en esta herramienta de analítica y planificación de contenido tendrás la opción de generar «smartlinks» para tu perfil de Instagram, pudiendo personalizar la apariencia y analizar el rendimiento de cada uno de los enlaces. Resaltar que en el «pie de página» de los smartlinks puedes añadir los diferentes perfiles sociales de la marca.

Acción 188.— Herramientas para tus creatividades

Para la realización de creatividades, vídeos o banners te recomiendo 3 tipos de herramientas que podrán ayudarte, con efectos, filtros, tipografías y bancos de imágenes.

- **VistaCreate:** antes llamada Crello, disponible para app y desktop. ¡Para innovar con tus creatividades!
- **Canva.**
- **Figma:** recomendada para usuarios con un conocimiento de diseño más elevado. Posibilidad de colaboración y organización del equipo de diseño de una marca o empresa.

Acción 189.— Establece referentes para aprender

Establece una lista de referentes y perfiles de interés para aprender, además de filtrar contenido de interés.

Una recomendación es escoger o tomar perfiles que participen dentro de tu sector y analizar cómo reacciona su audiencia hacia el contenido, ya sea hacia el propio contenido en sí como hacia la temática, el tono de voz y el formato.

Generar una lista de referentes te ayuda a ver el camino a seguir y potenciar los puntos fuertes propios, así como de terceros para construir un perfil de Instagram atractivo y con alta capacidad de captar leads.

Acción 190.— Estudia tus horas óptimas de publicación

Instagram Insights, zona de estadísticas, te ofrece un conocimiento sobre días y horas de conexión de tu comunidad. Este tipo de datos te ayudará a entender cuándo publicar para incrementar el alcance y las impresiones de tus publicaciones.

 ¡Bola extra!

Si es posible te recomiendo utilizar una herramienta de terceros como Metricool, para comparar y analizar las horas recomendadas de publicación, además del porcentaje por horas de conexión de la comunidad.

Acción 191.— Crear tu avatar: ¿por qué?

Una opción para seguir personalizando y dando una forma más humana a tu marca es generar un avatar para colocar en cada una de tus stories, pero, ojo, solo cuando sea necesario para añadir un punto de diferenciación.

Genera un avatar personalizado en sintonía con tu identidad corporativa.

Acción 192.— Herramientas externas

 ¡Bola extra!

En esta acción te mostraré herramientas diferenciadas por temáticas, que te ayudarán en la gestión, análisis y generación de creatividades para tu perfil de Instagram.

Herramientas de analítica

- **Metricool:** es una excelente herramienta tanto para análisis como para gestión y planificación de contenido en todo tipo de canales sociales. En la versión gratuita podrás comparar las métricas provenientes de Instagram Insights con Metricool.
- **Hootsuite:** la herramienta elegida por la mayoría de los CM y Social Media para trabajar en el análisis y la gestión de comunidades.

Herramientas para marketing de influencers

Para la realización de contenidos con influencers recomiendo dos tipos de herramientas. Quisiera puntualizar que Influencity es una herramienta creada en España.

- Influencity.
- Hypeauditor.

Herramienta para análisis de perfiles

Para conocer tu engagement puedes emplear la «calculadora de Phlanx» gratuitamente, es una herramienta que también ofrece análisis de competidores y escucha activa para la marca en Instagram.

- Phlanx.

Herramientas para banco de imágenes

¿Necesitas bancos de imágenes gratuitas para tus creatividades? Aquí dos webs que podrán ayudarte a encontrar la imagen perfecta para tu creatividad.

- Pexels.
- Pixabay.

Herramientas para edición de fotografía

¡No solo basta con los filtros y edición de Instagram! Si tienes conocimientos de edición de fotografía la herramienta por antonomasia es Photoshop, la cual te permitirá adaptar y sacar el máximo partido a cada imagen.

- Photoshop.
- Snapseed: es una app desarrollada por Google para la edición profesional de fotografía (lo que tratamos en este punto), permite una edición al detalle y más intuitiva para el usuario.

Herramientas para «árboles de enlaces»

- Linktree: posibilidad de utilizar una versión básica que permite el análisis de los enlaces, personalización de la página de aterrizaje y apariencia de los botones.

Recuerda que es necesario adaptar tu identidad corporativa.

Herramientas de edición de vídeo

- Openshot: para trabajar desde el ordenador en la edición de vídeos y audio para compartir en Instagram.
- InShot - App: herramienta recomendada para la creación de reels y la edición de vídeos. Posee la capacidad de añadir filtros, stickers, incorporar efectos de música, voz y ajustes de velocidad.

Herramienta para eliminar fondos

- PhotoRoom: eliminación de fondos con inteligencia artificial, además de contar con plantillas para la creación de creatividades. En la versión gratuita no se puede eliminar la marca de agua.

12

TIKTOK

EL VÍDEO

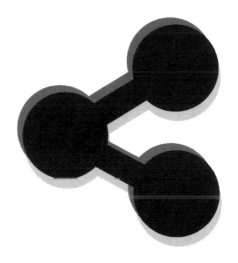

TikTok, conocida originalmente como Douyin, es una red social basada en compartir pequeños clips de vídeo. La aplicación fue lanzada en septiembre de 2016 y tardó tan solo 200 días en desarrollarse, lo que demuestra que sus creadores tenían las ideas claras desde el principio. Desde entonces, TikTok ha experimentado un crecimiento impresionante en todo el mundo, con más de 130 millones de usuarios activos diarios en octubre de 2018.

La plataforma permite a los usuarios crear, editar y subir vídeos, pudiendo aplicarles varios efectos y añadirles un fondo musical. También cuenta con funciones de Inteligencia Artificial, llamativos efectos especiales, filtros y características de realidad aumentada. TikTok ofrece opciones de edición fáciles de utilizar para que cualquier persona pueda hacer vídeos divertidos sin tener grandes conocimientos de edición. Además, la aplicación incluye otras funciones, como la posibilidad de enviar mensajes, votaciones, listas de amigos y un sistema de seguidores y seguidos, al estilo de Instagram, pero centrado en los vídeos.

La pantalla principal de TikTok muestra una selección de todo tipo de contenidos, incluyendo los vídeos populares o de usuarios a los que se sigue, y se puede deslizar hacia arriba o hacia abajo para pasar de vídeos. Además, hay una página de exploración en la que se pueden buscar clips y usuarios, o navegar entre hashtags que puedan ser de interés. Cuando se visualiza un vídeo, este se muestra en pantalla completa, con una serie de iconos a la derecha que permiten seguir al usuario, dar like, comentar o compartir el clip.

La herramienta de grabación y edición de vídeos de TikTok se encuentra en el centro de la pantalla principal. Se pueden grabar varios clips y elegir filtros y efectos antes de empezar a grabar el vídeo. A la hora de editar el vídeo, se pueden seleccionar tomas o fases para añadir otros efectos. Ofrece una serie de filtros del estilo de Instagram y diferentes tipos de efectos para manipular los vídeos. También se pueden crear vídeos deslizables a partir de una serie de fotografías que se elijan. Además, la aplicación incluye una sección en la que se pueden enviar mensajes a otros usuarios y editar el perfil y los datos personales.

En resumen, TikTok es una red social basada en pequeños clips musicales con una herramienta de grabación y edición de vídeos fácil de usar, y una variedad de filtros y efectos que permiten a los usuarios crear vídeos divertidos y atractivos. TikTok ha experimentado un crecimiento masivo en todo el mundo, lo que la convierte en una gran herramienta a tener en cuenta como parte de una estrategia de marketing digital.

Conociendo TikTok

TikTok ha supuesto una revolución en 60 segundos en la creación de vídeos cortos; sus filtros, efectos, estética y la realización de transacciones han conquistado a diferentes generaciones, marcas y empresas.

¿Por qué ha enamorado a un público tan diverso y alejado en el tiempo y en los hábitos de consumo?

Hay varios factores que pueden ayudarnos a entender por qué ha conquistado a la audiencia:

- Inmediatez para consumir, compartir y crear contenido.
- Creatividad para realizar vídeos, para inspirar a marcas o empresas e incluso a ti, sí, a ti, que lees estas líneas.
- Música para conquistar auditivamente, para generar una experiencia que te atrape en el contenido.
- Emoción al ver vídeos que consiguen que te evadas y te diviertas.
- Aprendizaje continuo para estar a la vanguardia, ser innovador o proyectar una imagen de marca con energía y vitalidad.

En números y para conocer su alcance potencial para tu marca, empresa u organización:

- App más descargada durante el año 2022, más de 2.000 millones de descargas a nivel mundial.
- Su uso promedio es de 19,6 horas al mes. ¿No eres capaz de generar contenido para impactar?
- En España se sitúa como la 8.ª red. ¿Piensa en el potencial para la visibilidad y el posicionamiento?

ACCIONES
¡Y ACCIÓN!

Acción 193.– Nombre de usuario y perfil

¡Repetimos!

Como si fuese el bis de una canción: nombre de usuario y perfil en sintonía con el resto de canales sociales. Has de tener siempre en mente que ha de haber una absoluta sintonía entre todos y cada uno de tus perfiles.

 Tip. – ¿Y si... no quisiera incorporar TikTok en la estrategia?

> Si no quisieras incorporar TikTok en la estrategia de comunicación, mi recomendación es que, por precaución, reserves tu nombre de usuario para futuras acciones.
>
> ¡Cuídate frente a la competencia!

Acción 194.– Biografía

Proporciona la descripción clave en la biografía: el usuario que te visite o llegue a tu perfil debe saber claramente quién eres y qué solución aportas a su problema.

Elementos clave en la biografía

- **Descripción corta:** límite de 80 caracteres. Clara, concisa y directa para hablar de la solución o necesidad resuelta con tu marca, empresa o servicio
- **Sitio web:** incluye tu sitio web. Te recomiendo aplicar linktree u otro formato de «árboles de enlaces» para poder añadir links atrayentes capaces de activar al usuario.

- **Categoría:** incorpora tu categoría en el perfil para una correcta identificación de tu sector de actividad.
- **Enlazar cuentas de Instagram y YouTube:** TikTok te ofrece la posibilidad de enlazar tus perfiles de Instagram y YouTube. Si fuese el caso que tuvieses ambos canales, te recomiendo su colocación en la biografía para dirigir el tráfico y alimentar la «sed» de conocimiento y contenido de los usuarios.

Acción 195.– Cuenta profesional, no personal

¡La cuenta personal para lo personal y privado!

Crea y gestiona tu cuenta de manera profesional. Tu perfil de marca no puede gestionarse desde una cuenta personal que, además, no cuenta con la misma capacidad de datos clave para el estudio y rendimiento de las acciones aplicadas para la consecución de los objetivos.

 Tip.– ¿Por qué cambiar a una cuenta profesional?

- Mayor conocimiento de la audiencia, conocer datos clave de interacción, conexión, edad y ubicación. Te permite adaptar contenido y explorar vías para aprovechar al máximo el potencial de TikTok.
- Cercanía con tu público y segmentos de tu target más cercanos, y la utilización de nuevas formas de comunicación y contenido.
- Control de la cuenta y rendimiento del contenido.
- Función de correo electrónico que facilita el contacto directo del usuario con tu marca, empresa o servicio.

Acción 196.– Estudia y analiza las tendencias de tu sector

Para hacer que tu cuenta sea atractiva y tu perfil proactivo, te recomiendo analizar las tendencias en TikTok de tu sector. Es más, es esencial que captes ideas y te inspires en otros contenidos atractivos, que después podrás aplicar a tu marca para llamar la atención de seguidores y no seguidores, y amplificar tu alcance e impresiones.

¡Ojo! No te hablo de que persigas la viralización de contenido, sino de que seas capaz de seguir tendencias que puedas aplicar y adoptar para personalizar el contenido.

¡Tendencias! No todas las tendencias han de ser aplicadas: analiza sonido, forma de presentar la información, etc. Es ahí donde se encuentra el punto diferenciador, respeta tus valores e identidad de marca, no copies por copiar y extrae lo clave de cada tendencia.

Acción 197.— Planifica tu contenido

¿Cuántas veces hablamos de planificar? Creo que al final de este libro aprenderás tres palabras clave: planificar, medir y analizar.

Antes de publicar contenido por publicar es necesario establecer los objetivos a conseguir en tu canal de TikTok, cómo vas a conseguir estos objetivos y qué métricas te ayudarán a analizar el rendimiento de tu canal.

Te recomiendo encarecidamente que seas minucioso en la planificación de tu contenido y analices tu capacidad para generar el contenido necesario para ser constante y perseverante en la publicación.

Acción 198.— Optimiza tu hora de publicación

¡Siento decirte que TikTok no cuenta con una funcionalidad para hablarnos de la hora más óptima de nuestra audiencia!

Quizás vayamos a ciegas, pero has de averiguar con el feeling de tu comunidad las mejores horas de publicación. Establece unas horas de publicación, y durante 3 meses analiza las métricas clave, como reproducciones, me gusta, compartidos y comentarios. Estudia la interacción con el contenido, analiza el engagement para optimizar poco a poco las horas de publicación.

 Tip 1.— Según algunos estudios las mejores horas de publicación son... (debo decírtelo).

- Para la audiencia de Latinoamérica la mejor hora de publicación se encuentra en su horario de mañana, es decir, horario de tarde en España.
- En España, las mejores horas de publicación se encuentran entre las 7 de la tarde y las 12 de la noche.

¡Ojo avizor! Ten en cuenta que la edad media de utilización de esta red social se encuentra entre los 11 y los 24 años, siendo la generación Z la más representada dentro de TikTok, aunque es una red que «toca» a todas las generaciones.

Tip 2.— Una recomendación con consejo no solicitado.

TikTok es una red de nacimiento reciente. Con esto quiero decirte que la evolución en tu estrategia depende de tu profundo análisis de cada uno de los datos y del feeling de la gestión diaria de la comunidad, escucha activa y aprendizaje continuo e inspiración en terceros.

¡Estudia y analiza para exprimir el potencial de esta red social!

Acción 199.— Verifica tu cuenta de TikTok

Para una mayor confianza, seguridad y credibilidad solicita la verificación de tu cuenta de TikTok.

 Tip 1.— ¿Cómo o en qué puede ayudarte la verificación de la cuenta?

- El usuario podrá ver que el contenido generado es real y creado, valga la redundancia, por el creador.
- Evitar la suplantación de identidad.
- Para generar confianza entre seguidor y marca.
- Intentar evitar que cuentas falsas sean consideradas como reales generando confusión en el usuario o seguidor.

 Tip 2.— ¿Qué puede ayudarte en la verificación de la cuenta?

- Aceptación de los términos y normas de servicio de TikTok.
- Cumplimiento de los requisitos de la cuenta. Algunos requisitos (normas no escritas) que pueden ayudarte:
  - ‣ Perfil activo.
  - ‣ Autenticidad del perfil y fiel representación de una marca, empresa o servicio.
  - ‣ Información completa y veraz.
  - ‣ Cuenta segura.
- Crecimiento en visualizaciones y presencia en medios digitales como blogs o revistas.
- Comunidad sana, sólida y de crecimiento continuo que muestre el trabajo constante en gestión de comunidad.
- Verificación en otras redes sociales como Twitter, Instagram o Facebook.

Acción 200. – TikTok Live: emisión de directo para tu comunidad

Es un formato ideal para la realización de entrevistas y para generar un contacto más directo con la comunidad a través del contenido.

Antes de hacer un TikTok Live te recomiendo adquirir experiencia, durante un tiempo de 3 a 6 meses, siendo constante en la creación de contenido y gestión de comunidad. La realización de un TikTok Live puede ayudarte a amplificar tu voz y a conectar con la audiencia de tu entrevistado, siendo capaz de atraerlos a tu perfil para hacerles sentir que existes y que podrás estar ahí cuando te necesiten; recuerda, estar en el momento de la verdad.

 Tip 1. – ¿Qué datos puedes extraer de TikTok Live?

- Audiencia total conectada durante la emisión del directo.
- Nuevos seguidores.

 Tip 2. – ¿Por qué realizar un Live?

- Capacidad de crear un contenido de mayor duración y que permite dar a conocer más sobre ti mismo a la comunidad.
- Conexión en tiempo real con los seguidores.
- Posibilidad de responder preguntas de los seguidores en directo. Imagina que tu empresa tiene un nuevo producto: con un nuevo Live podrás mostrarlo y responder las dudas sobre el mismo.

 Tip 3. – Aspectos a tener en cuenta durante el Live

- Horario de realización: analiza las mejores horas de tu comunidad.
- Establece la duración del directo: recomendación mínima de 30 minutos.
- Iluminación: esencial para mantener atrapados a los espectadores.
- Sonidos: cuida el sonido ambiente y proporciona un buen sonido durante la emisión.
- Planificación del Live: recuerda, sin estrategia los objetivos se difuminan.
- Haz partícipe a la audiencia durante la emisión en directo.
- Cuida los comentarios y respuestas entre otros usuarios, vela por una comunidad sana y por la seguridad.

¿Preparad@ para un Live?

Acción 201.– ¡Y llegó la publicidad!

Para amplificar el alcance y la consideración de tu contenido, perfil u otro elemento que desees promocionar es necesario la realización de campañas que permitan lograr diferentes objetivos, como reputación, ventas o tráfico al sitio web.

Pasos para crear campañas de publicidad en TikTok

- Crear una cuenta en TikTok Ads Manager.
- Establecer los objetivos de la campaña.
- Determinar la audiencia.
- Precisar el presupuesto y el tiempo de la campaña.

 Tip 1.– ¿Por qué realizar campañas?

- Si aplica, apertura a nuevos mercados internacionales y adaptados a las nuevas generaciones.
- Menor saturación en la realización de campañas comparado con Facebook o Instagram. Mayores posibilidades de incrementar el impacto de la marca.
- Integración entre contenido y publicidad, una función que ha permitido evitar el rechazo en los usuarios. Esta capacidad mejora la conversión de las campañas.

 Tip 2.– Tipos de Ads para considerar en tu estrategia.

- In-Feed Ads: formato similar a las stories de Instagram. Ideal para CTA y capacidad de interacción de los usuarios con el anuncio y el anunciante.
- Collection Ads: para la creación de tarjetas de producto y vídeos in-feed. En este tipo de anuncios es necesario que el usuario salga de TikTok hacia una página de destino.
- Dynamic Showcase Ads: anuncios dinámicos y personalizados destinados a mejorar la conversión. Necesario configurar el píxel de TikTok, catálogos de producto y vídeos de producto.
- Shopping Ads: en este tipo de campaña tendrás tres posibilidades: link al producto, live shopping (tiempo real. Ojo a este tipo de formato y crecimiento para ecommerce gastronómico y sector textil) y catálogo.

Acción 202.– Consejos para crear vídeos

¡Hora de los consejos!

A continuación te daré algunos consejos para la creación de vídeos que pueden ayudarte con tu contenido, pero que no constituyen la fórmula mágica para la viralización, el éxito inmediato o las conversiones infinitas.

Esta acción no es una acción, sino una recomendación para tu contenido en TikTok.

Sobre el aspecto de tu vídeo

- En vertical, siempre en vertical como podemos leer en la guía de ayuda de TikTok.
- Centra o céntrate en el encuadre del vídeo, evita estar tapado por los iconos de TikTok o cualquier elemento que pueda entorpecer un correcto encuadre.
- Apertura sólida que capte la atención de tu comunidad, una antesala al inicio que atrape.

Sobre el sonido

- Cuida el sonido de tu grabación en directo o de la creación del vídeo.
- Sonidos para incluir dentro de la biblioteca masiva de canciones y sonidos. Tendrás una opción de búsqueda de sonidos virales y tendencia que podrás incorporar en tus vídeos. Recomendación: analiza las tendencias.

Sobre la historia, tu historia en cada contenido

- Sé único, innovador y cercano en cada contenido. Detrás de cada producto o publicación de la empresa hay una historia: hazla ver, conecta con tus seguidores.

Los detalles importan

- Descripciones: genera descripciones claras para que tu comunidad pueda entender el contenido del vídeo.
- Hashtags: para etiquetar y categorizar el vídeo, además de facilitar el hecho de encontrar tus contenidos por parte de la comunidad.

¡Hora de planificar y crear contenido!

Acción 203.— Edición y efectos: creatividad al poder

TikTok puede hacer que tus contenidos destaquen gracias a la capacidad de generar atracción con efectos y edición.

En la creación de vídeos podrás encontrar efectos como pantalla verde, comedia, filtros y nuevos, entre otros. Añadir este tipo de efectos permite que tus contenidos adquieran una nueva dimensión.

 Tip 1.— Analiza tendencias y evalúa qué efectos se pueden incorporar.

Realiza una investigación en perfiles de interés, competencia y analiza los tipos de efectos empleados y la reacción que causan en su audiencia.

Aprende e incorpora lo que funcione en terceros.

Emplea textos en vídeos para explicar a tus seguidores qué están a punto de ver, guíalos a través del texto: facilitarles el camino es asegurarte su atención.

 Tip 2.— Incorpora la narración.

Para mejorar la calidad de los vídeos, y en casos necesarios, incorpora una voz superpuesta que ayude al entendimiento.

Por ejemplo, en vlog, recetas o en la explicación de un producto o contenido.

 Tip 3.— Otros elementos a tener en consideración.

- **Efectos de voz:** ¡creatividad y un nuevo tono en tu voz!
- **Fijación de stickers:** puedes colocar stickers que te ayuden a la hora de contar la historia en tu vídeo.
- **Cortes rápidos:** para añadir un efecto dinámico que capte la atención de tus seguidores.

¡TikTok al día!

Acción 204.— Herramientas para TikTok

Esto no es una acción como tal, pero te ayudará a la hora de poder tener localizadas herramientas que puedas utilizar en tu día a día para la gestión de tu cuenta.

Para planificación, organización y publicación de contenido

- **Loomly:** con esta herramienta podrás organizar tu contenido junto a tu equipo. Una de sus características es su capacidad para ordenar, organizar y mostrar vistas del contenido. Son interesantes los consejos sobre publicaciones y programación de contenido.
- **SocialBee:** para la programación del contenido. Destacar sus opciones de clasificación de contenido por categorías y tipos de publicaciones.

Para el descubrimiento de influencers o personas relevantes

- **Upfluence:** con esta herramienta podrás descubrir perfiles de interés con los que conectar. Te recomiendo conectar o seguir a aquellos perfiles con elevada notoriedad que sigan los valores de la marca.

Para gestión de comunidad, escucha activa

- **PhantomBuster:** permite la automatización, la gestión de cuentas, la información de cada contenido y la exploración de hashtags.

Para los hashtags, automatizando

- **TikTok Hashtag Generator:** sube tu vídeo y esta herramienta te generará automáticamente los hashtags asociados al contenido.

  Una vez generados los hashtags te recomiendo revisar y determinar los más idóneos para cada contenido. Un consejo: ve a lo específico y no a lo general.

Para análisis de perfiles, competidores o hashtags

- **Analisa.io:** siempre habrás escuchado que la información es poder; con esta herramienta podrás conocer datos sobre un perfil, competidor o hashtag. Uno de los datos más interesantes es el conocimiento sobre las interacciones con el contenido.

Para edición de vídeo

- **CapCut:** una de las herramientas más empleadas por los creadores, marcas o tiktokers. Edición profesional con grandes capacidades para tus vídeos de TikTok.

13

YOUTUBE

¡DALE AL PLAY!

YouTube es una plataforma web que permite a los usuarios subir y ver vídeos online. En esencia, funciona como una especie de televisión a la carta en internet. A través de ella, se puede acceder a una amplia variedad de contenidos, tanto de usuarios particulares como de profesionales.

La plataforma fue creada en 2005 y, desde entonces, se ha convertido en una de las páginas web más visitadas del mundo, con más de 2.500 millones de visitas mensuales a nivel global. Además, cuenta con más de 5.000 millones de reproducciones diarias de vídeos.

En YouTube se pueden encontrar vídeos de todo tipo: tutoriales, música, vídeos graciosos, documentales, series y películas, entre otros. También es posible ver vídeos en directo, lo que la convierte en una plataforma versátil.

Para los usuarios que buscan crear contenido, YouTube es una herramienta muy útil, ya que permite subir vídeos con facilidad. Esto ha llevado a que muchos profesionales del marketing y los negocios en línea utilicen esta plataforma como una herramienta para llegar a su audiencia y humanizar su marca corporativa.

Los beneficios de usarla son varios, entre los que se incluyen un mayor engagement que otras redes sociales, la oportunidad de salir de la zona de confort y la menor competencia que en los blogs. Además, la plataforma cuenta con una interfaz intuitiva y una gran cantidad de usuarios, lo que la hace una excelente opción para compartir y descubrir nuevos contenidos.

YouTube es importante para las empresas por varias razones. En primer lugar, es una de las plataformas de redes sociales más grandes y populares del mundo, con miles de millones de usuarios activos. Esto significa que las empresas pueden llegar a una audiencia global con sus vídeos.

En segundo lugar, los vídeos son una forma efectiva de transmitir información y emociones a los consumidores, lo que puede ser útil para mostrar productos o servicios, dar demostraciones o tutoriales, o contar historias sobre la marca y sus valores.

Además, ofrece una serie de herramientas de análisis y métricas que permiten a las empresas medir el éxito de sus vídeos y ajustar su estrategia de contenido según los resultados obtenidos.

ACCIONES
¡Y ACCIÓN!

Acción 205.– Crea tu canal de YouTube

Crea tu canal de YouTube para dar un paso más en la creación y generación de contenido para tu marca, empresa o producto.

YouTube puede darte un plus para la realización de contenido destinado a casos de éxito, demostraciones, entrevistas, y una mayor cercanía a través de emisiones en directo.

 Tip.– ¿Por qué crear un canal de YouTube para una marca?

- Para mejorar el posicionamiento SEO y obtener una posición privilegiada en el motor de búsqueda Google.
- Diferenciarte de la competencia.
- Atraer y generar leads a través de CTA dentro de tus propios vídeos.
- Alcanzar público potencial al elaborar una estrategia para esta red social.

Acción 206.– Nombre del canal

¡En el nombre de tu marca!

El nombre del canal debe ser el nombre de tu marca: respeta tu identidad corporativa y tu imagen de marca.

Recuerda: al unísono, identidad unificada en todas y cada una de las redes sociales. Cuidar tu imagen al mínimo detalle para evitar confusiones y errores.

Acción 207.– Foto de perfil e imagen de cabecera

Adapta tu foto de perfil al tamaño recomendado y requerido por YouTube, evita imágenes borrosas o distorsiones que pueden influir negativamente en la percepción de marca.

No adaptar tu identidad implica generar desconfianza.

 Tip.– Requisitos para la foto de perfil.

- Formatos admitidos: JPG, GIF (pero no animado), BMP o PNG.
- Tamaño mínimo de 4 MB.
- La imagen debe ser cuadrada o redonda.
- Tamaño de 800 x 800 px.

Para la imagen de cabecera deberás saber que el tamaño ideal para permitir una correcta visualización en dispositivos móviles, tablets y sobremesas ha de ser de 2560 x 1440 px.

Acción 208.– Completa la información de tu canal y enlaza a tus canales sociales

Realiza con mimo la información de tu perfil, completa cada detalle de tu canal y enlaza a tus diferentes canales sociales además de a tu web.

Haz una descripción atractiva, no te olvides de Identificar la categoría de tu canal y la información básica, donde añadir la forma de contacto.

Acción 209.– Estrategia y planificación de contenido

Para alcanzar los objetivos y ser eficaz en cada una de las acciones de YouTube es necesario plantear una estrategia donde establecer las acciones y el contenido necesarios.

De esta forma, podremos alcanzar los objetivos generales y específicos planteados en el inicio del plan de marketing digital, y en concreto para el Social Media, además de en cada uno de los canales que integren la comunicación digital de la marca, empresa o servicio.

Establece tu estrategia y planifica el tipo de contenido a compartir en cada vídeo de tu canal de YouTube.

Tip 1.— Divide tu tipo de contenido.

- Comercial: demostraciones, casos de éxito, presentación de productos, testimonios.
- Aprendizaje: talleres, webinars, entrevistas.
- Informativo: sobre la evolución de la empresa, marca o servicio.

 Tip 2.— Elementos clave a trabajar en cada contenido.

- Formato del contenido y tipología para la presentación del contenido.
- Línea del contenido, tono de voz.
- Duración.
- Descripción, CTA de cada vídeo, etiquetado del vídeo.

Acción 210.— Genera un tráiler de presentación del canal

Genera un tráiler para la presentación de tu canal; el tráiler se iniciará cada vez que se visite tu canal.

Capta la atención del visitante, atrápalo y explícale en un vídeo corto de no más de 60 segundos quién eres, tu solución y lo que encontrará en tu canal.

 Tip.— Elementos a tener en cuenta para la generación de un tráiler.

- 30 segundos son suficientes para captar la atención del visitante.
- No te olvides del CTA final.
- Tono de comunicación amigable y cercano.
- Descripción clara para explicar lo que eres y muestras en el tráiler.
- Inicia el tráiler con un mensaje atractivo.
- No olvides crear un tráiler responsive para dispositivos móviles y tablets.

¿Preparad@ para generar tu tráiler?

Acción 211.— Conoce las estadísticas de tu canal

¡Hora de viajar hacia las estadísticas de tu canal!

Es esencial que analices el rendimiento de cada uno de tus vídeos para poder ajustar y generar contenido que potencie tu marca, empresa o servicio. El análisis ofrece una guía sobre qué contenido es más interesante para la comunidad, tiempo de visualización e impresiones.

¿Qué métricas podrás observar?

- Visualizaciones: número de veces que se han visto tus vídeos o canales.
- Tiempo de visualización: el tiempo que dedican los usuarios a ver los vídeos que has creado en tu canal.
- Suscriptores: el número de seguidores suscritos a tu canal.
- Duración media de las visualizaciones: una media estimada de los minutos vistos por cada visualización del vídeo.
- Impresiones: número de veces que tus miniaturas han sido mostradas a los usuarios de YouTube.
- Porcentaje de clics de las impresiones: frecuencia con la que los usuarios han reproducido tus vídeos tras ver la miniatura.

Recomiendo que realices una comparativa con herramientas de terceros para extraer más información, además de analizar en Google Analytics la influencia en el tráfico web.

Acción 212. – Crea listas de reproducción y facilita la navegación

Crea y genera listas de reproducción para categorizar los vídeos de tu canal. Añadir vídeos a listas facilitará la navegación del visitante por el canal de la marca. La utilización de listas de reproducción ayudará en la clasificación de los vídeos.

¡Ojo! Completa la información de la lista de reproducción para facilitar el posicionamiento en buscadores.

Curiosidad

Una lista de reproducción podrá ser compartida en perfiles sociales como Facebook o Twitter.

Acción 213. – Directos para conectar con la comunidad

Live o directos para conectar en tiempo real con la comunidad e incrementar la capacidad de influencia de la marca, empresa o servicio. Existe la posibilidad de «expandir» el directo a canales como Twitch o LinkedIn.

¿Por qué realizar directos en YouTube?

- Generación de confianza entre marca y seguidor.
- Sensación, por parte del seguidor o cliente, de participación en el proceso de comunicación de la marca, empresa o servicio.
- Contenido más dinámico y con mayor posibilidad de generar interacción.

 Tip.— Necesidad de estrategia y planificación.

Si finalmente optas por realizar o incorporar los streamings, o directos, a tu comunicación de marca es necesario que trabajes con tu equipo de creatividad y marketing para determinar línea visual, temáticas, tiempo de streaming, formatos de las temáticas y necesidades técnicas.

¡No dejes nada al azar!

Acción 214.— Optimización de los vídeos

¡No solo hablamos del equipamiento técnico!

Cuando realizas contenido en YouTube es vital que la optimización del contenido sea trabajada en los elementos que rodean al vídeo:

- Título.
- Descripción.
- Categoría.
- ¿Pertenece a alguna lista de tu canal? ¡Estructura y ordena!
- Miniaturas.
- CTA en el vídeo o en la descripción.
- Subtítulos.
- Pantalla de cierre y más vídeos.

Sé claro, conciso y haz que tus seguidores se sientan parte del contenido publicado con los valores mostrados. Piensa que no generas contenido por generarlo, que hacerlo requiere de un cuidado, optimización y trabajo al detalle para respetar desde tu identidad corporativa hasta los valores y percepción de tu marca.

Acción 215.– Tipos de vídeos a realizar

En esta acción quiero hablarte de los tipos de vídeos que podrás realizar para alimentar de contenido tu canal.

¡Vamos a ello!

- **Vlog:** con este tipo de vídeo podrás generar contenido destinado a novedades de la empresa, conocimiento del equipo, presentación de casos de éxito o insights.
- **Tutoriales:** ¿tu empresa es una herramienta o es un producto para utilizar en una determinada situación? ¡Explica su uso a tus seguidores! Con este tipo de vídeos podrás generar una lista de reproducción sobre información de productos.
- **Reseñas de productos:** ¡ideal para generar confianza! Testimonios reales que podrán ayudarte a crecer y entrar en la etapa de consideración del potencial cliente al visitar tu canal.
- **Vídeos formativos:** contenido destinado al aprendizaje donde podrás crear cursos, talleres o webinars.

Otro tipo de contenido de vídeo para que puedas tener pleno conocimiento: vídeos de videojuegos, unboxing, hauls, cobertura de eventos, challenges, videorecetas o motion graphics.

Acción 216.– Analiza y estudia a los competidores

Analizar a tu competencia no es solo ver y comprobar el tipo de contenido, sino la forma de creación, el tono de voz, los elementos que componen el vídeo, los títulos, la capacidad de interacción con el vídeo, la realización de streamings y la estrategia del propio canal.

Investiga y estudia a tu competencia para aprender de sus puntos fuertes e incorporarlos a tu estrategia. Detecta tendencias de comportamiento ante los vídeos, realiza una escucha activa de las necesidades de sus seguidores y da forma a tu canal además de contenido.

Te recomiendo fijar 2-3 referentes, no deben ser de tu sector, los referentes te ayudarán a inspirarte en el contenido.

Acción 217.– Difunde tu canal de YouTube en otras redes sociales

En YouTube tienes la capacidad de mostrar tus canales sociales en la zona de cabecera, pero has de utilizar tus propias redes sociales (de la marca, empresa o servicio) para dar alas y difusión al contenido que has creado en la plataforma de streaming.

No olvides adaptar el mensaje y potenciar las características de cada red para la difusión del vídeo.

Ejemplo: en Instagram podrás realizar pequeños cortos en formato reels explicando que hay nuevo vídeo en YouTube; será interesante utilizar así mismo las stories con una portada + enlace para dirigir al canal.

¿Preparad@ para llevar a otro nivel tu canal de YouTube?

Acción 218.– Añade vídeos de tu canal de YouTube en tu web

¡Dale vida a tus vídeos en tu web!

Podrás incrustar tus vídeos de YouTube en tu página web; puedes colocar tu tráiler en la página de inicio o realizar un vídeo específico informativo o comercial sobre quién eres para poder compartirlo en tu web.

En tu blog puedes ofrecer una imagen más dinámica combinando lo escrito y lo audiovisual. Podrás generar un contenido más formativo a través de un vídeo de tu canal de YouTube y compartirlo en un post.

 Tip.– Herramientas para compartir tus vídeos.

He de decirte que si trabajas con un constructor visual como Elementor tendrás la capacidad de incrustar el vídeo de YouTube en tu contenido web sin necesidad de plugins de terceros.

Pero... ¿y si necesito un plugin adicional? ¡Aquí hay 2 plugins que podrán ayudarte!

- **Feeds for YouTube:** tiene la capacidad de añadir tu feed del canal a tu web. Destacan su capacidad responsive y personalización.
- **Video Gallery:** capacidad de embeber vídeos, listas de reproducción o canal de YouTube en la web. Posibilidad de generar un feed en formato grid, lista o mixto. Es responsive.

14

TWITCH

LA RED MORADA

Twitch es una plataforma de streaming de vídeo en vivo, propiedad de Amazon, que se enfoca principalmente en el streaming de videojuegos y deportes electrónicos (esports), pero también cuenta con transmisiones en vivo de música, arte, charlas y otros temas.

En Twitch, los usuarios pueden transmitir sus partidas de videojuegos en directo, interactuar con su audiencia en tiempo real y generar comunidades en torno a sus canales. También pueden suscribirse a canales de otros usuarios, enviar donaciones y chatear con otros espectadores.

En cuanto a las empresas, Twitch es una plataforma interesante para aquellas que quieran llegar a una audiencia joven y amante de los videojuegos y los deportes electrónicos. A través de ella, las empresas pueden patrocinar canales de streamers y equipos de esports, promocionar productos o servicios relacionados con el mundo de los videojuegos, realizar eventos y transmisiones en vivo y generar contenido específico para la plataforma.

Además, cuenta con herramientas de publicidad y promoción para que las empresas puedan llegar a su audiencia objetivo de manera efectiva. Por ejemplo, pueden utilizar anuncios de vídeo para llegar a los usuarios mientras ven las transmisiones en vivo.

En resumen, Twitch es una plataforma que ofrece muchas oportunidades para las empresas que quieran llegar a una audiencia joven y apasionada por los videojuegos y los deportes electrónicos, y que estén dispuestas a generar contenido interesante y relevante para dicha audiencia.

ACCIONES
¡Y ACCIÓN!

Acción 219.– ¡Crea tu canal de Twitch!

Pensarás: otra plataforma más para la realización de streaming. Pero Twitch, la red morada, es más que eso.

¿Por qué crear un canal de Twitch?

- Una plataforma centrada en retransmisiones.
- En datos con respecto a YouTube, crecimiento de la audiencia por la capacidad de conexión con el propietario del canal.
- Mayor facilidad de uso.
- Una interfaz destinada a una mayor interacción y creación de comunidad.

En esta acción quiero mostrarte la capacidad o ventajas que posee Twitch. Pero ante todo has de saber que no es necesario estar en todas y cada una de las redes sociales, aunque sí tener un pleno conocimiento de su existencia y posibilidades para integrarlas en tu proceso de comunicación, de manera que te ayuden en el posicionamiento, la notoriedad y el reconocimiento de marca.

Recuerda crear tu canal con el nombre de tu marca, es importante seguir la misma línea con el resto de tus canales de comunicación.

Acción 220.– Los elementos clave para completar tu perfil

¡Turno de dar forma a tu canal de Twitch!

Es necesario que des forma y adaptes tu canal de Twitch a tu identidad corporativa.

- **Avatar o foto de perfil:** coloca la imagen de tu marca, empresa o servicio. Es necesario un tamaño de 256 x 256 px.

- **Banner de perfil o foto de portada:** genera una portada que capte y atrape la atención de los visitantes de tu canal y con un tamaño de 1200 x 480 px.
- **Paneles de información:** los paneles de información aparecen en la zona «Sobre mí» y aportan información, por ejemplo de tus diferentes canales. El tamaño necesario de las portadas es de 320 x 320 px.

Completa la información de biografía o descripción, sé claro, conciso y directo sobre qué encontrarán y qué aportarás en tu canal.

Debes tener en cuenta que tienes la capacidad de tener un nombre de usuario y un nombre público, siendo necesario que respetes tu identidad corporativa.

Acción 221.– ¡Tráiler, tráiler!

Un tráiler permite presentar tu canal en 60 segundos y es un elemento atrayente en tus tiempos de desconexión ante un espectador nuevo que llega a tu canal.

 Tip.– Algunos consejos para tu tráiler.

- Sé natural, cercano y claro a la hora de hacer la presentación sobre tus streams y la temática de tu canal.
- Indica tu calendario de publicación y apóyate en la pestaña «Calendario» para apoyar el discurso sobre tu forma de conexión.
- Puedes incluir música siempre que cumpla las directrices de Twitch.

¡Hora de generar tu tráiler!

Acción 222.– Un panel para conocer las posibilidades como creador

Quiero hablarte del panel del creador porque en él encontrarás las opciones de personalización de tu canal, como color o temática, avatar o foto, biografía, enlaces a redes sociales, extensiones.

¿Qué podrás encontrar en el panel de control del creador?

- Gestión del stream.
- Análisis.
- Gestión de la comunidad.
- Configuración.
- Recompensas de espectador.
- Herramientas del streaming.
- Contenido.

Dentro del propio panel de control del creador podrás encontrar noticias del día, tips para creadores y preguntas frecuentes que pueden ayudarte en tu día a día como creador.

El objetivo del panel de control es poner a disposición del creador del canal todas las herramientas en una sola pantalla para la gestión y el trabajo diario del canal.

Acción 223.– Estrategia y planificación

Puede sonar repetitivo a lo largo de todos y cada uno de los capítulos de este libro, pero es necesario que establezcas los objetivos de tu canal, la estrategia para la consecución de los objetivos y la planificación de tus acciones.

En Twitch y en el resto de canales es esencial tener un calendario de retransmisiones constante y ser perseverante en la generación de directos.

El crecimiento o éxito de tu canal dependerá de tu trabajo diario y de la capacidad de escucha de tu comunidad.

Acción 224.– Generar una comunidad única: interacción

El creciente auge de la audiencia de Twitch es una oportunidad para la creación y generación de una comunidad única en torno a la marca debido a la interacción en tiempo real con seguidores o suscriptores del canal.

Generar un canal de Twitch para la retransmisión de directos junto con tu comunidad te permite tener un contacto directo con tu público objetivo y crear oportunidades de venta en cada emisión.

Acción 225.— Emblemas de suscripción personalizados

Una opción que forja una unión más allá de una suscripción es desarrollar emblemas personalizados por la pertenencia a un canal de Twitch. De esta forma, cada suscriptor podrá sentir «el orgullo» de pertenecer a una comunidad para ser un evangelizador de la marca.

Crea emblemas para tus suscriptores, para hacerles experimentar la sensación de que forman parte de la empresa, marca o servicio en su proceso de comunicación.

Acción 226.— Emoticonos únicos para suscriptores y seguidores

Un componente clave para interactuar en los chats de Twitch es la creación de emoticonos únicos para el canal. Este tipo de elementos hace que la conversación en el chat sea diferente a la de otras redes.

Los emoticonos personalizados formarán parte de la imagen de marca, es un elemento más que ayudará en el reconocimiento de marca en Twitch y que puede influir positivamente en tu branding y en la percepción de marca cercana con su público.

Otro motivo esencial es la forma sutil de incorporar elementos visuales unidos a tu identidad corporativa.

Acción 227.— Chat solo para suscriptores o abierto

Para una gestión de comunidad más sana y limpia te recomiendo un chat solo para tus suscriptores, generando así espacios donde puedan participar seguidores o personas que visualizan tus directos.

Un ejemplo puede ser un webinar en directo o una entrevista con una persona de interés.

¿Por qué tener un chat en abierto para contenidos con terceros o talleres?

- Generar nuevos leads.
- Atraer a nuevos suscriptores.
- Colocar CTA durante la emisión.
- Favorecer un espacio para preguntas sobre marca o servicio.

Tip.— Utilidad de los moderadores.

Si tu comunidad fuese elevada te recomiendo moderar el chat para evitar comentarios y spam de usuarios.

Cuida tu chat.

Acción 228.— Unión entre Discord y Twitch para estar más cerca de la comunidad

Para una mayor participación proactividad de la comunidad se puede crear un espacio de voz y texto a través de Discord, donde enlazar alertas y comunicaciones sobre el canal de Twitch.

El objetivo es mantener una comunicación fluida con los suscriptores y un cara a cara permanente, además de generar alertas de contenido y capacidad de enviar mensajes personales entre miembros de la comunidad y marca.

Acción 229.— Las redes sociales como elementos de difusión del canal

Emplea tus redes sociales como altavoz de tus emisiones de Twitch. Puedes generar tweets, stories donde dirigir hacia el directo junto con el enlace de tu canal, e incluso compartir posteriormente tus emisiones para que tu comunidad pueda visualizar tus directos en diferido.

Acción 230.— Equipos de transmisión

En Twitch es esencial tener equipos de transmisión adecuados para audio, visualización e iluminación.

Si decides crear y generar contenido para tu canal de Twitch te recomiendo tener un equipo adecuado para las transmisiones en directo; recuerda que cada acción influye en la percepción de tu marca.

Tip.— Equipamiento recomendado.

• Webcam para la emisión, con capacidad de alta resolución.
• Tarjeta de sonido.

- Controlador de vídeo para utilizar durante la emisión.
- Micrófono.

Acción 231.– ¡Retransmisión en directo!

¡Tiempo de retransmisión!

Antes de iniciar tu retransmisión en directo genera una alerta para tus suscriptores, un mensaje en tu canal de Discord y la difusión del comienzo del directo en el resto de canales sociales de la marca.

Durante la emisión del directo puedes configurar alertas y mensajes en el chat a través de bots que provoquen acción por parte de la comunidad, además de mensajes de bienvenida.

Para una mayor personalización de tu streaming trabaja en una escena personalizada que sea perfectamente identificable con tu identidad corporativa.

Para la realización de capas recomiendo que lo trabajes con tu equipo de creatividad.

Acción 232.– Pantalla de inicio y finalización de streaming

Crea tu pantalla de inicio y finalización de streaming, ambas pantallas deben tener un tamaño de 1920 x 1080 px para la personalización al detalle de cada una de tus emisiones.

La creación de pantallas de inicio y finalización permite un reconocimiento de la imagen de marca, es un componente del branding y de la proyección de la identidad visual que caracteriza a la marca.

Trabaja en un banner de reproducción que se adapte a tu identidad corporativa y sea fiel a tus elementos visuales, como tipografía y colores.

Acción 233.– Etiquetas para definir tu contenido

Coloca etiquetas en cada una de tus emisiones para definir tu contenido y que tu seguidor, suscriptor o persona que visualice tu directo pueda saber exactamente qué verá o qué está visionando.

Las etiquetas ayudan al espectador en la búsqueda de un stream específico; selecciona las etiquetas más adecuadas y categoriza tu stream, facilitando la búsqueda.

 Tip.— Tipos de etiquetas que podrás encontrar en Twitch.

- **Etiquetas de streams personalizadas:** has de saber que podrás incorporar hasta 10 etiquetas personalizadas a tu contenido.
- **Ejemplo:** imagina que tu stream habla sobre estrategias de marketing digital para startups. Puedes generar etiquetas como startups, estrategia, marketing.
- **Etiquetas de categoría:** Twitch añade directamente las etiquetas de categoría, no podrás aplicarlas directamente al stream.
- **Etiquetas automatizadas:** Twitch añade etiquetas automáticas cuando se cumplen una serie de condiciones durante el stream.

Acción 234.— ¡Tu escaleta! Un guion para tus streams

¡La improvisación en la medida justa!

Trabaja cada uno de tus directos, establece una escaleta de temas a tratar en el directo, puntos clave, tips reseñables para exprimir al máximo cada directo con tus suscriptores.

Si tuvieses invitados durante tus stream, genera un guion, planifica preguntas esenciales que puedan elevar la calidad del directo y proporcionen un aprendizaje a tus espectadores.

La improvisación puede ayudarte en tu frescura y conexión, pero te recomiendo que sea contenida y medida para no perder el foco durante el directo.

Acción 235.— Análisis de tus datos para ajustar tu contenido

¡Datos, datos, el mundo de los datos!

En una primera pantalla observarás un resumen de tus datos más significativos de tus últimos 30 días y son los siguientes:

- Streams recientes.
- Logros.
- Clips populares.

Si nos adentramos en estadísticas con mayor profundidad podrás estudiar la evolución de las siguientes métricas, que te ayudarán a entender y comprender el rendimiento de tu canal:

- **Media de espectadores:** este dato se obtiene de analizar la media de espectadores en cada momento del stream.
- **Visualizaciones en directo:** es el total de las visualizaciones en directo, no se incluyen ni clips ni vídeos bajo demanda.
- **Seguimiento:** número de seguidores de tu canal en un rango de tiempo predeterminado.
- **Suscripciones:** suscriptores de pago de tu canal. Si nos adentramos más en esta métrica se podrá saber el tipo de suscripción y el nivel.
- **Minutos visualizados:** tiempo de visualización total de tus streams.
- **Tiempo de emisión/Tiempo emitido:** tiempo total en directo.
- **Espectadores máximos:** cantidad máxima de espectadores durante tu streams para un rango de fechas seleccionado, para analizar evolución y estudio.
- **Espectadores únicos:** cantidad personas (únicas) que vieron tu stream o streams.
- **Participantes de chats únicos:** cantidad de espectadores (únicos) que chatearon durante el directo o directos.

Otros datos que podrás observar: espectadores de raids, anuncios, mensajes de chats, clips creados y tiempo de publicidad por hora.

Analiza minuciosamente cada uno de tus datos y evalúa la calidad de tu contenido, pero sobre todo trabaja con perseverancia y constancia para la planificación, así como para la emisión de los streams.

Acción 236.– Herramientas de terceros

En esta acción te hablaré de herramientas de terceros que podrán apoyarte en la realización de tu streaming y mejorar día tras día tus retransmisiones.

Para la realización del propio streaming

- **OBS Studio:** puede instalarse gratuitamente, te permite realizar multistreaming en el resto de tus canales sociales, como YouTube, LinkedIn o Facebook.

- **Streamlabs**: como OBS, puede instalarse gratuitamente pero está «capada» en la versión multistreaming y en otras funciones adicionales, como temas pro para personalizar streaming, aplicaciones para análisis del canal y patrocinio, y artículos promocionales.

Para el engagement con la comunidad

- **StreamElements**: herramienta útil para la creación de alertas, chatbots y personalización del canal con overlays.

Extensiones, facilitadas por Twitch

Twitch es una plataforma cuyo objetivo es la facilidad de uso y una experiencia satisfactoria por parte del streamer. De ahí la creación de «extensiones», para añadir a cada una de las retransmisiones, que mejoran la experiencia y personalización del canal.

Dentro de las extensiones podrás encontrar Streamlabs, Amazon, Exmachina, Curse o Grab.

Acción 237.– Directos con personas de interés

¿Qué te parece Twitch? ¡Espero que esta plataforma de streaming esté conquistando tu corazón para dar un paso más en tu estrategia de comunicación!

Un tipo de contenido interesante y de gran valor para el aprendizaje —además de para la ampliación de espectadores, el crecimiento de suscriptores o seguidores y el aumento de la visibilidad de marca— es la realización de streams con personas de interés afines a tu comunidad.

Piensa que no solo has de generar contenido sobre tu marca o productos, o proporcionar un aprendizaje hablando desde tu posición propia y experiencia, sino que puedes apoyarte en terceros para la creación de un contenido más fresco, con un tono más distendido, menos comercial y con objeto de hacer crecer tu comunidad.

Crea una lista de referentes, establece el formato de la entrevista, la temática y planifica la temporalidad de la acción.

Acción 238.– Tipo de contenido del directo para conseguir tus objetivos

El tipo de contenido que podrás generar basándote en tu canal o alrededor de él es diverso, pero debes tener siempre en mente que cada acción ha de llevarte a la consecución de los objetivos planteados en tu estrategia.

Puedes generar un contenido más comercial con la demostración de un nuevo producto, donde hablar distendidamente de las novedades, la evolución de la empresa o marca, o directos de exposición de nuevos casos de éxito, un taller, un webinar, una entrevista o un evento especial.

¡Ojo! Planifica qué tipo de contenido realizarás, trabaja cuándo será lanzado, crea un plan de difusión en tus canales y elabora un guion que te ayude en cada tipo de contenido.

¡Y no te olvides de analizar!

Acción 239. – Elementos que debes conocer: bits, cheers, tren del hype, raid

Uno de mis objetivos en este libro es facilitarte el aprendizaje los elementos clave de cada una de las redes sociales.

En Twitch hay varios términos que deseo que puedas conocer para una completa comprensión de la red morada:

- **Bits:** es la moneda que se utiliza en Twitch para que un espectador pueda dar dinero a los creadores de contenido.
- **Cheers:** es un mensaje que contiene bits y que se emplea en el chat. Los cheers pueden utilizarse para apoyar a los socios o afiliados, como las suscripciones. Utilizar cheers en el chat permite conseguir emblemas de cheers.
- **Tren del hype:** según la definición de Twitch, es una gran celebración para apoyar a un streamer. Los espectadores que participan en el hype con cheers, bits o suscripciones son premiados con recompensas de emoticonos.
- **Raid:** es una forma de apoyar a otro canal con tu comunidad tras finalizar tu directo.

¿Preparad@ para generar tu estrategia de Twitch?

15

COMUNIDADES

EL RENACER

Con la creciente presencia de las empresas en el mundo digital, los clientes de hoy en día demandan un tipo de relación diferente con las marcas. A medida que las empresas tienen acceso a audiencias más amplias, los consumidores también tienen más opciones para elegir productos y servicios. Como resultado, la forma en que una marca interactúa con su audiencia es clave en un mercado competitivo lleno de opciones.

Es por eso que la comunidad virtual se ha convertido en una herramienta vital para las empresas, ya que es a través de esta plataforma donde se lleva a cabo la interacción con los clientes. Si se gestiona de manera adecuada, esta interacción puede estrechar la relación entre el cliente y la marca, reemplazando así la dinámica tradicional que se llevaba a cabo en una tienda física.

ACCIONES
¡Y ACCIÓN!

Hablamos de Discord

Discord es una plataforma destinada a crear y generar grupos de chats para diferentes finalidades, como juegos o comunidades de Twitch.

Acción 240.— Un servidor: un canal para tu comunidad

Asistimos al renacer del concepto de los foros y la formación de comunidades en torno a una temática, juego o debate.

Te recomiendo Discord si deseas generar una comunidad privada altamente participativa en la que integrar a seguidores, a clientes actuales y potenciales en un espacio donde conocer más tu marca y tus valores.

En Discord podrás crear diferentes salas para la comunicación con diferentes segmentos de tus clientes.

Dentro de tu canal puedes generar canales de voz o texto; adopta la forma de comunicación más idónea y que te permita ser consistente con tu comunidad.

 Tip 1.— Recordatorio de tu identidad.

Recuerda que es esencial que respetes tu identidad e imagen de marca; completa tu perfil en la creación del perfil y configura tu canal respetando tu identidad visual.

 Tip 2.— Integra a tu equipo.

Integra a expertos de tu equipo en salas específicas para proporcionar aprendizaje e incrementar las posibilidades de spam.

Tip 3.– Fija unas normas de comunidad.

Establece unas normas de comunidad para velar por la seguridad y el buen ambiente entre los distintos miembros de tu comunidad.

Acción 241.– Alertas de tus canales de comunicación

¡Genera alertas de comunicación sobre tus directos o contenidos!

Gracias a la acción de bots puedes generar alertas sobre la publicación de contenido en tus redes sociales, la emisión de directos o mensajes predeterminados como el lanzamiento de nuevos productos, promociones o casos de estudio.

¡Sé atractivo en el copy de tus alertas!

Una forma de crear comunidad es generar una alerta para dar la bienvenida a cada usuario que se una a tu comunidad. En la alerta podrás enviar un mensaje sobre las normas de la comunidad y los canales que podrá encontrar, así como mostrar tu predisposición y felicidad porque forme parte de la comunicación de la empresa, marca o servicio.

Acción 242.– Para la comunicación de equipos y organización

Si tu equipo trabaja en remoto y deseáis unir lazos entre cada uno de los miembros de la organización, marca o empresa, podéis generar salas de reuniones de voz, salas de silencio o salas por equipo para tener una comunicación directa y continua.

¡A por una comunicación en remoto!

Acción 243.– Tu lugar de reuniones

Puedes utilizar Discord como una herramienta para reuniones con clientes, demostraciones de productos o presentación de casos de éxito a clientes potenciales.

Es interesante esta herramienta para generar un espacio único con el cliente potencial si eres una empresa con un infoproducto o software; con este tipo de reunión podemos generar un tú a tú y romper cualquier barrera física.

Hablamos de Telegram

Acción 244.– Creación de canales para comunidades

Puedes crear una canal para una comunidad y generar un hilo de conversación entre marca y usuarios.

A la hora de crear un canal en Telegram, te recomiendo que lo ajustes según el objetivo que persigas para el canal y el segmento específico de tu target al que te quieras dirigir.

Ejemplo: un canal para suscriptores de tu newsletter que puedan recibir el mensaje de alerta del envío de la newsletter. Para este tipo de canal te recomiendo que los mensajes solo sean enviados por administrador y moderadores.

Si el canal es para generar una comunidad para debatir sobre un área en concreto, como pueden ser el marketing o herramientas para redes sociales (por ejemplo), permite la libre expresión, pero establece normas, contenido a compartir y modera la comunidad.

Acción 245.– Canal de CRM para tus cursos y talleres

Puedes emplear esta herramienta de mensajería instantánea como plataforma de atención y soporte para tus alumnos de un curso, webinar o taller con la posibilidad de generar también mensajes de audio y vídeo para explicar dudas de manera más rápida y sencilla.

En este canal puedes recibir preguntas, dudas y consultas para atender a tus alumnos, podrás mostrar ejemplos y soluciones a sus cuestiones, además de enriquecer tu infoproducto con contenido específico que incremente su valor.

Acción 246.– Comunidades específicas para el debate de temáticas

Una buena idea puede ser crear un club a través de un canal en Telegram. Se trata de organizar un espacio para debatir de manera segura y privada, una comunidad cerrada para compartir opiniones.

Puedes establecer días de debate, compartir noticias de interés, elaborar encuestas y crear contenido.

La generación de comunidades específicas ayuda a la parte emocional de formar «tribus» o micronichos de un sector, lo que favorece el branding.

Acción 247.– Un canal para embajadores de marca

Si en tu estrategia de comunicación creas la figura del embajador de marca, puedes generar un canal para una comunicación directa con tus embajadores, donde informar sobre novedades, códigos de descuento, noticias sobre la empresa y atención para consultas.

Acción 248.– Canal de presentación: promoción de nuevos productos

¿Quieres presentar nuevos productos a tus clientes más fieles?

¿Quieres hacerles partícipes del proceso de creación de nuevos productos?

Con Telegram puedes generar un canal para presentacion de nuevos productos, participación en la creación de productos, conocimiento de tendencias de consumo o ideas para incorporar a tu empresa, o códigos exclusivos para tus clientes más fieles.

Ejemplo: imagina que posees una empresa de alimentación y deseas fabricar un nuevo producto, pero para ello quieres integrar a tus clientes más fieles en la elección de nuevos sabores.

Creas tu canal de Telegram para «la familia» (trabajas el orgullo de pertenencia) y presentas la posibilidad de nuevos sabores para analizar los sentimientos y el feedback, lo que te genera un maravilloso estudio de mercado.

¿Qué te parece la idea? ¡Piensa si es posible integrarlo en tu marca o empresa!

Hablamos de Slack

Acción 249.– Comunicación de equipos

Para una comunicación directa entre equipos, y la organización de clientes y proyectos. Slack es una herramienta con la que generar un espacio único y cerrado para una organización, donde poder tratar temas generales, envío de archivos y trabajar por áreas, así como por clientes.

Slack puede facilitar el trabajo en remoto para equipos, te ayudará a mantenerte al día de proyectos y clientes de una organización, además de organizar tareas.

Acción 250.– Para CRM y contacto con embajadores de marca

Slack se puede emplear como herramienta para equipos de venta y embajadores de marca, para agilizar procesos de venta y recabar datos para la exposición conjunta, depuración de procesos e integración con Salesforce para establecer estados de venta de clientes potenciales.

Recomiendo este tipo de herramienta y acción para grandes cuentas o empresas de un tamaño considerable; es una opción también para trabajar de tú a tú con embajadores de marca para evaluación de desempeño, presentación de productos y novedades de la empresa.

Acción 251.– Comunicación directa con alumnos (aplica si tienes un infoproducto de formación)

Slack como canal de comunicación para tus alumnos, donde generar diferentes espacios de colaboración, zonas para alumnos y atención directa con el equipo de formación o tutor de la formación.

Establecer Slack como punto de reunión te permite crear diferentes espacios, gracias a los cuales podrás incrementar el valor del curso o del taller, logrando que sea una formación viva y retroalimentada por alumnos y personal formativo.

Hablamos de Whatsapp Business

Acción 252.– CRM en tus canales sociales

Enlaza tu Whatsapp Business en tus diferentes canales sociales para un contacto directo y atención al cliente.

Redes como Instagram o Facebook permiten generar un enlace directo hacia Whatsapp Business para la atención al cliente. Es corriente observar en Twitter la colocación de un enlace para «abrir chat» en Whatsapp Business y atender consultas fáciles e intuitivas de resolver —como pueden ser la solución de un problema de un servidor o problemas sobre un envío donde se requiera contactar con una empresa de terceros— sin la necesidad de contar con un soporte técnico más avanzado.

Acción 253.— Soporte y atención

¡Lo dicho en la acción anterior!

Puedes establecer Whatsapp Business como el servicio central de atención de tus incidencias y atender consultas o dudas de tus clientes potenciales que no requieran de un conocimiento avanzado o profundo.

 Tip.— Establece cómo será tu atención al cliente.

- Qué tipo de consultas resolverás a través de Whatsapp Business.
- Tiempo de respuesta y horario de atención al cliente.
- Mensajes predefinidos en horario fuera de atención.
- Tono de comunicación.
- Plan de contingencia para una crisis.

Acción 254.— Integración en tu página web

Integra tu Whatsapp Business en tu web. Recuerda que trabajamos con Wordpress, a través de la propia API y bajo un código (solo recomendado si tienes conocimientos técnicos) o con plugins de terceros para una mayor facilidad de integración.

Plugins para integrar Whatsapp en tu web

- **Click to Chat:** 8 estilos para la personalización, responsive para móviles y tablets, elección de la posición del chat.
- **Floating Chat Widget:** capacidad para integrar Telegram, botón de llamada, Line, Whatsapp, Slack o TikTok.

Una reflexión

En este capítulo has conocido diversas herramientas que hoy en día habrás podido observar o sobre las que habrás podido escuchar o leer a través de redes sociales, y que están ayudando —desde la comunicación interna hacia la externa— para conectar con clientes actuales, potenciales, alumnos o suscriptores.

Si bien es cierto que Discord está más destinada al sector del videojuego o como herramienta para streamers, para una unión con sus suscriptores o parte de la gestión de su canal, es mi deber que puedas contemplar y observar diversas acciones que pueden ayudarte en tu día a día como marca y empresa.

Hablar de todas y cada una de las más destacadas herramientas de comunicación no implica la utilización de la totalidad de ellas, sino que analices sus capacidades, y con tu criterio adoptes la herramienta que más se adapte a tu organización, equipo, clientes y comunidad.

Quiero recordarte que, al igual que debes ser claro para la elección de tus canales de comunicación en este momento de renacer de comunidades, debes ser certero en la elección y determinar qué es lo adecuado para tu marca.

Recuerda que este libro en su conjunto es una guía, no una fórmula de éxito; es un mapa para ayudarte en tu camino digital y eres tú quien deberá adoptar lo que te permita ser único y diferenciador en este mundo.

16

EMAIL
MARKETING

Aunque el correo electrónico no es una herramienta nueva, sigue siendo relevante en el marketing digital gracias a su alta accesibilidad y a su capacidad de llegar a una amplia audiencia diariamente.

Existen numerosos canales de comunicación disponibles para incorporar en tu estrategia de marketing digital, pero en este capítulo hablaremos de la importancia del email marketing en particular.

El correo electrónico es una importante vía de comunicación con tu público, ya que te permite realizar distintas tareas, desde confirmar pedidos hasta enviar newsletters, convirtiéndose en un punto esencial para la gestión del crecimiento de tu negocio.

Tanto para tus clientes actuales como para los potenciales, el email marketing puede ser una estrategia valiosa para añadir un valor adicional a tu empresa, creando una comunicación más cercana y personalizada.

Hoy en día, es prácticamente imposible gestionar un negocio sin recurrir a los medios digitales y a los correos electrónicos.

ACCIONES
¡Y ACCIÓN!

Acción 255.– Genera tu estrategia de email marketing

¡Ha llegado el momento del email marketing!

En ocasiones el email marketing hace a mi mente viajar hacia los inicios del marketing y las estrategias de aquella marca que llamaba a tu puerta para vender sus productos cosméticos.

El email marketing es una poderosa herramienta para la difusión de contenido y para mantener un contacto periódico con tu base de datos.

Es necesario que para tu proceso de comunicación puedas contemplar la capacidad del email como una herramienta para unir al proceso de ventas, o como canal para la difusión de contenido con CTA que capten leads.

Para trabajar con una base de datos es esencial que establezcas el fin de tu estrategia de email, los objetivos y los tipos de comunicación a desarrollar con tu email marketing.

Acción 256.– Diseño de tu email marketing

Plantea tus plantillas para las diferentes comunicaciones de la marca, empresa o servicio; respeta tu identidad corporativa.

Haz que los elementos que componen tu plantilla sean perfectamente identificables por parte del usuario. Para ello, trabaja los siguientes elementos:

- Personalización en la persona que contacta con la base de datos, haz que no sea un robot a pesar de la automatización de las campañas.
- Establece cómo configuras los asuntos, la utilización o no de emojis y el tono de comunicación.

- Tono de comunicación del copy.
- Enlaces a redes sociales.
- Personalización de firmas.
- Colores y tipografía de las plantillas.
- Adaptación de creatividades.
- Formato de los botones para CTA.

¡No dejes nada al azar!

Acción 257.– Base de datos y tipo de comunicación

Cuida tu base de datos, genera etiquetas, estado del contacto y actualiza continuamente para eliminar contactos que no interactúen con tu contenido.

Establece el tipo de comunicación por segmento de tu público objetivo, personaliza al mínimo detalle cada toma de contacto a través del email

Acción 258.– Un copy trabajado, no un copy automatizado

Trabaja cada una de tus comunicaciones, cuida el tono, mima cómo te comunicas, haz un copy amigable y de gran valor en cada una de las palabras que componen el mensaje a pesar de que sea un email automatizado.

En mi trabajo y estudio de diversas newsletter suelo ver a diario algunos emails donde el copy no está trabajado, e incluso es un «copia y pega» de un mensaje de redes sociales, lo que hace sobresaltar a mi corazón al no cuidar la imagen y percepción de una marca.

Establece un calendario de campañas, trabaja con mimo el copy, como si fueras un maestro orfebre, cuida la forma y haz que sea un contenido apetecible, aunque sea comercial, que invite y provoque la acción.

Acción 259.– Integra tu herramienta de email marketing en tu web

Integra tu herramienta de email marketing dentro de tu web para la suscripción al blog, al boletín de noticias o para estar alerta de novedades sobre la marca.

Otra opción (si aplica) es incorporar la estrategia de email marketing a tu tienda online, y hacer partícipe al cliente actual dentro del proceso de comunicación. Por ejemplo, invitar a realizar valoraciones o reseñas, que pueden ayudar tanto a tu SEO como a tu credibilidad, y que te permiten destacar sobre la competencia.

¡Volvemos a la acción!

No hagas que tu herramienta de email marketing pierda fuerza al no integrarla en tu web. Analiza las páginas más visitadas e integra una zona para newsletter o boletín.

Acción 260.— Tus posts en tu email marketing

Uno de los contenidos más relevantes a compartir en toda estrategia de email marketing son las entradas del blog. Es una forma efectiva de notificar que hay un contenido nuevo esperando ser leído por aquella persona que nos dejó su contacto para recibir los posts.

Otra idea a desarrollar, y tómalo como consejo-tip, es realizar una newsletter dominical donde compartir tu contenido relevante junto con contenidos de terceros y herramientas útiles que puedan incrementar el aprendizaje de tu base de datos.

Pero... ¡ojo! Aplica este consejo-tip si es compatible con tu marca o tipo de contenido; si lo es, planifica qué y cómo configurar tu newsletter.

Acción 261.— Como arma comercial para la presentación de productos

Emplea tu estrategia de email marketing como un arma para la presentación de nuevos productos, novedades o actualizaciones de servicios o incluso como servicio de postventa para mejorar los lazos de unión con el cliente actual.

Mi recomendación es estudiar en qué puntos de un proceso de venta o captación de leads puedes generar una plantilla o plantillas para favorecer la conversión de los usuarios.

Ejemplo: imagina que publicas un ebook y realizas una landing page para que puedan descargarlo después de que te faciliten los datos de contacto .

¡Ya tienes un contacto para esta newsletter! Analiza cómo ha interactuado con el contenido descargado y determina qué tipo de comunicación realizarás con él en segundo lugar para convertirlo.

Acción 262.– Herramientas para email marketing

En esta acción te aportaré 3 herramientas para generar tu estrategia de email marketing.

- **Mailchimp:** es una de las herramientas más populares de email marketing, posee una perfecta integración con Wordpress, Google Analytics y redes sociales. Excelente alternativa para comenzar a construir tu base de datos y lanzar tu estrategia.
- **Easymailing:** una herramienta española nacida en 2020. Una de sus ventajas es el servicio de atención al cliente y soporte. Su target objetivo son PYMES y autónomos. Capacidad de segmentar e interfaz de uso intuitiva.
- **SendPulse:** una herramienta con interfaz sencilla e intuitiva, capacidad para enviar gratuitamente hasta 15.000 emails al mes con una base de datos de hasta 500 suscriptores. Capacidad para ser CRM, flujos de trabajo, SMS y chatbots.

17

CRM
CLIENTE EN EL CENTRO

Un CRM —por sus siglas en inglés, Customer Relationship Management— es un sistema de gestión de relaciones con clientes. Este conjunto de prácticas y herramientas permite a las empresas gestionar y analizar interacciones con sus clientes, con el objetivo de mejorar las relaciones, fidelizarlos y aumentar su satisfacción.

Su uso es importante para las empresas, ya que el hecho de tener un mayor conocimiento y comprensión de sus clientes, las ayuda a personalizar sus servicios y sus productos para satisfacer las necesidades específicas de cada cliente. También les permite realizar un seguimiento de su actividad —como compras, interacciones en las redes sociales y en el sitio web, etc.— para poder anticipar las necesidades y deseos de los clientes.

Además, un CRM es una herramienta valiosa para la gestión de ventas y marketing, ya que permite recopilar datos y realizar análisis sobre los clientes y su comportamiento de compra, lo que les facilita optimizar sus estrategias de venta y marketing. También pueden identificar clientes potenciales y oportunidades de venta cruzada, lo que a su vez les da la posibilidad de aumentar sus ingresos y rentabilidad.

En resumen, un CRM es una herramienta esencial para cualquier empresa que desee mejorar sus relaciones con los clientes y aumentar su rentabilidad. Les permite recopilar y analizar información valiosa sobre sus clientes, lo que les ayuda a personalizar sus servicios y productos para satisfacer las necesidades específicas de cada cliente, así como mejorar sus estrategias de venta y marketing.

ACCIONES
¡Y ACCIÓN!

Acción 263.– Integrar chatbots en tu proceso de atención y soporte

Integrar un chatbot permite un servicio ágil de atención y soporte al cliente, capaz de mejorar la satisfacción del cliente durante un proceso de incertidumbre o duda.

El chatbot puede contribuir a mejorar el proceso de CRM y elevar la experiencia del usuario. Con esta integración buscamos colocar en el centro de atención al usuario, para influir y persuadir en su proceso de compra.

Integrar un chatbot nos permite generar respuestas y ayudas a preguntas que pueden ser solucionadas automáticamente, o recolectar datos en nuestra ausencia para que sean tratados después con la máxima brevedad y rapidez por los compañeros de atención al cliente.

 Tip 1.– He de hablarte de algunas desventajas (la sinceridad es un deber).

- Costes para una personalización elevada.
- Respuestas limitadas.
- Puede elevar la frustración del cliente.
- Necesidad de aprendizaje por parte del chatbot.
- No puede reemplazar a una atención más humana.

 Tip 2.– Ventajas de emplear chatbots (no pienses que estoy persuadiéndote).

- Obtención de datos del cliente de una manera más amigable y menos fría a pesar de ser un bot.
- Mejora la imagen de marca gracias a la rápida atención.
- Estrategia para mejorar la conversión.

¡Evalúa tus necesidades!

Acción 264.– Equipo y áreas de atención

Establece un equipo y áreas de atención para el chatbot; no todas las áreas de tu empresa son susceptibles de poseer un bot para responder consultas de los clientes.

En esta acción te hablo de que generes un equipo de bots específico por áreas. Por ejemplo, atención de producto, atención postventa, atención general. Así, filtras la necesidad de atención de tu contacto.

Acción 265.– Herramientas para CRM

En esta acción te hablo de dos herramientas que pueden ayudarte (si consideras necesaria la implantación de bots) para generar tu CRM automatizado:

- **Livechat:** es una herramienta potente para generar una estrategia de CRM a través de chatbots, con capacidad de centralizar los contactos, analizar tiempos de conversación, realizar el seguimiento de usuarios y capacidad de personalización. Herramienta de pago.

  Recomendado para empresas o negocios con alto volumen de tráfico web.

- **Drift:** capacidad de integración con herramientas de email marketing o CRM, posibilidad de programación de conversaciones, análisis de visitantes y alta personalización. Herramienta de pago.

18

SEO

LO ORGÁNICO

En los años 90 surgieron los primeros buscadores, entre ellos Yahoo. Con el auge de las webs, los propietarios se dieron cuenta de que necesitaban atraer tráfico, y los motores de búsqueda se convirtieron en la solución. Así nació el SEO, que se enfoca en los resultados de búsqueda orgánicos, es decir, en aquellos que no son pagados.

En los últimos años, el SEO ha evolucionado enormemente, con actualizaciones como Penguin y Panda que han cambiado drásticamente su panorama. Ahora se persigue la «optimización de la experiencia de búsqueda», es decir, el «todo para el usuario».

Existen miles de factores que influyen en la posición de una página en los motores de búsqueda, pero se pueden resumir en dos factores básicos: autoridad y relevancia. La autoridad se basa en la popularidad de la web, mientras que la relevancia se refiere a la relación de una página con una búsqueda específica.

El SEO se divide en dos grupos principales: On-site, que se enfoca en la relevancia, y Off-site, que se centra en factores externos como enlaces y presencia en redes sociales.

El Black Hat SEO se refiere a técnicas poco éticas o que van en contra de las directrices de los motores de búsqueda, mientras que el White Hat SEO busca hacer que una página sea más relevante a través de agregar valor para sus usuarios.

El SEO es importante porque hace que una página web sea más útil tanto para los usuarios como para los motores de búsqueda. Además, ayuda a los usuarios a encontrar lo que están buscando y puede generar un gran número de visitas, lo que puede ser muy valioso para una empresa.

El funcionamiento de un motor de búsqueda se puede resumir en dos pasos: rastreo e indexación. Los bots rastrean las páginas web y recopilan información, que luego se incluye en un índice y se ordena según la autoridad y la relevancia. Los algoritmos deciden qué páginas aparecerán en los resultados de búsqueda.

Sin duda debes pensar en posicionar tu página web o tu tienda online, de esta manera aparecerás delante de tu competencia y aumentarás las posibilidades de venta.

ACCIONES
¡Y ACCIÓN!

Acción 266.– Tu perfil de empresa en Google. Google My Business

¡Hora de abrir tu perfil de empresa en Google, sea un negocio físico, mixto o digital!

Es una herramienta vital y esencial para la búsqueda en una localización específica, lo que llamamos trabajar el SEO Local, para estar en el momento justo y preciso para convertir un cliente potencial en actual.

¡Para que puedas entenderlo! Un ejemplo muy exótico:

Imagina que vives en Granada y necesitas encontrar una tienda de especies exóticas para tu última creación. En tu buscador escribirás «tienda de especies exóticas» y voilà: si tu empresa está presente, aparecerás como opción y solución a la necesidad del cliente.

Abre tu perfil de empresa en Google, facilita tu contacto, ubicación, página web, horarios de apertura, preguntas y respuestas.

¡Conecta con tus potenciales clientes!

 Tip.– En qué te puede ayudar tu perfil de empresa en Google.

- Conexión inmediata con el usuario en el proceso de búsqueda.
- Información detallada de la empresa.
- Capacidad de recibir y enviar mensajes directos. Facilita el contacto.
- Publicación de eventos y promociones.
- Muestra de los servicios de la empresa.

Acción 267.– Añade imágenes destacadas de tu empresa, marca o servicio

Selecciona tus imágenes más destacables y ve un paso más allá: elabora al detalle una colección de imágenes que muestren en profundidad qué eres y qué ofreces, trabaja tu marca minuciosamente.

 Tip 1.– Si eres un espacio gastronómico.

Te recomiendo generar una colección de tus platos de una manera profesional para conquistar a través de las imágenes. Incluye tu menú, tus últimas innovaciones gastronómicas, equipo y local.

 Tip 2.– Si eres una tienda online.

Muestra una colección de tus productos más reseñables, proceso de packaging, equipo de la tienda e imágenes del día a día para ofrecer los mejores productos y atención a cada uno de los clientes.

¡No olvides trabajar de manera profesional en la creación de fotografías de tu negocio, marca o servicio!

Acción 268.– Revisa reseñas y propón soluciones

Revisa las reseñas, analiza tanto lo positivo como lo negativo. Si la reseña es negativa, responde con inmediatez al cliente, averigua qué ha ocurrido y busca soluciones para evitar la frustración y la mala imagen generada con el comentario negativo.

 ¡Bola extra!

Si la solución es satisfactoria, invita al usuario o cliente a realizar una reseña o comentario sobre el servicio al cliente recibido, así como su satisfacción con la solución propuesta.

Recuerda, el cliente está en el centro del proceso.

Acción 269.– Integra Google Search Console en tu Wordpress

Integrar Search Console en tu web te ayudará en la optimización del posicionamiento orgánico de tu web.

Para integrar Search Console puedes optar por varias vías

- **Verificar el dominio:** dentro del panel de Search Console te guiarán durante el proceso de verificación.
- **Verificar la propiedad a través de Google Analytics:** es la opción que te recomiendo para este tipo de integración sin emplear herramientas de terceros.
- **Verificar a través de etiquetas:** es preferible tener un conocimiento técnico.

Herramientas de terceros para integrar Search Console

- **Hubspot:** si empleas esta herramienta para tu trabajo en digital podrás integrar Search Console desde su panel de gestión.
- **Yoast SEO (plugin):** para ello debes permitir y autorizar que el plugin acceda a Search Console.

¿Por qué integrar Google Search Console en tu web?

- Análisis del tráfico de tu web.
- Detección de errores que han de ser subsanados, como enlaces rotos o falta de información en catálogos de productos, que pueden afectar negativamente en el posicionamiento de la web.
- Indexación del contenido de tu web.
- Análisis del rendimiento web en dispositivos móviles o tablets, es decir, comprobación de si la web está o no adaptada a los diferentes dispositivos.

¡No olvides integrar Search Console!

Acción 270.– Revisa las notificaciones y avisos de Google Search Console

Revisa las notificaciones y avisos de Search Console para evitar que afecte al rendimiento de tu web y posicionamiento orgánico.

En Search Console podrás tener avisos sobre falta de información, problemas de adaptabilidad o errores en la web, como de servidor, 404 y enlaces perdidos.

Los avisos de errores podrás observarlos con detenimiento en la zona de «cobertura» del panel de control de Search Console.

Soluciones a adoptar

- Servidor: si los errores provienen de tu servidor, te recomiendo revisar tu hosting y contactar con el servicio técnico para depurar los problemas detectados por las arañas de Google.
- Error 404 y redirecciones: comprueba las páginas implicadas y revisa las redirecciones.
- Revisa tu robot.txt, vuelve a enviar tu sitemap.

¡Tras revisión, validar corrección!

Acción 271.– Envía tu sitemap

¡Recuerda que trabajamos en Wordpress y nuestro objetivo es realizar acciones de manera fácil, intuitiva y sencilla!

Antes de enviar un sitemap debemos crearlo, y para facilitarte el proceso lo realizaremos a través de un plugin llamado Yoast SEO (espero no haberte sorprendido). Marcaremos la opción de generar mapas del sitio XML y será él mismo el que notifique al buscador de que hay un mapa del sitio por rastrear.

Acción 272.– Analiza los datos aportados por Search Console sobre tus URL

Analiza los datos aportados por Search Console sobre tus URL. Obtendrás información sobre el tráfico web, el rendimiento de las URL y cómo han llegado hasta tu web los visitantes.

Métricas que puedes analizar en Search Console para integrar con el estudio de Analytics

- **Clics totales:** número de veces que los usuarios han hecho clic para llegar al sitio web.
- **Impresiones totales:** número de veces que se ha visto un enlace o contenido de tu web.
- **CTR:** relación que existe entre impresiones y clics.
- **Posición media**

Otras métricas que te ayudarán a entender el rendimiento de cada una de tus páginas son: consultas, países, dispositivos y aparición en búsquedas.

¡Analiza los datos de cada una de tus URL para determinar tu contenido más relevante!

Acción 273.– Optimiza tu contenido web: entradas y páginas

¿Recuerdas nuestras primeras acciones y el capítulo sobre tu página web?

Es esencial que trabajes cada componente que integra las entradas y páginas de tu web:

- Títulos.
- Subtítulos.
- Descripción.
- URL (recuerda: amigable).
- Categorización del contenido, si aplica y es una entrada.
- Etiquetas para la descripción sobre qué se va a mostrar en el contenido.

No olvides que has de optimizar hasta el propio contenido que trabajas con palabras clave o relevantes (keywords), imágenes (títulos alt, optimización de imagen) y estructura del contenido.

Acción 274.– Comprueba contenido duplicado en tu web

Para detectar contenido duplicado interno te recomiendo emplear una herramienta como Semrush. Es necesario solucionar el contenido duplicado, pero debo decirte que, en la actualidad (octubre de 2022), Google no penaliza el contenido interno duplicado, pero tampoco aporta valor al usuario, lo cual puede afectar en la percepción de la marca.

Acción 275.– Títulos, descripciones, URL amigables y contenido de las entradas

Trabaja tu contenido a conciencia, aporta valor y tu posicionamiento orgánico mejorará con un contenido relevante, además de ser oportuno para el usuario en el momento de la verdad.

Anteriormente te hablé sobre los elementos necesarios a trabajar para tu SEO, en esta acción vuelvo a recordarte que has de trabajar con total laboriosidad la estructura de tus páginas y entradas.

Sé claro y conciso en cada título, trabaja las descripciones con las palabras clave, genera URL amigables que sean recordables y de fácil lectura, además de trabajar con un contenido escrito (como entradas) mínimo de 300 palabras.

¡Aporta valor!

Acción 276.– Optimiza tus imágenes

¡Optimiza tus imágenes en tamaño y elementos!

No solo has de generar imágenes de impacto, sino que debes trabajar en su calidad, tamaño y optimización en título, alt y descripción.

Para trabajar las imágenes establece tamaño para la composición de cada una de las páginas y entradas, mantén una guía visual idéntica para la totalidad de tu página, es decir, tamaño y forma.

Dos claves a conocer sobre la optimización de las imágenes:

- Influyen en el rendimiento de la web: velocidad de carga.
- Posicionamiento al ser fragmentos de contenido de la web.

 Tip.– Herramientas para la optimización de imágenes.

- **WP Smush.it:** se puede realizar la optimización de imágenes en varios aspectos, pero sin perder calidad de imagen. Comprime imágenes tipo png, jpg y gif, carga lazy load y optimiza imágenes con respecto a su aspecto.
- **EWWW Image Optimizer:** permite reducir el tamaño de las imágenes, es uno de los plugins de optimización de imágenes mejor valorados. Conserva la calidad de las imágenes durante 30 días para restaurar las originales.

Acción 277.– Trabaja tus fragmentos de texto enriquecido: rich snippets

Los rich snippets son formatos de texto enriquecido que ofrecen y aportan información relevante sobre el contenido de una página al usuario.

¿Cuál es el objetivo u objetivos principales de un rich snippet?

- Aumentar la visibilidad de la web en la página de resultados del buscador gracias al estructurado de los datos.
- Mejorar el CTR o Click Through Rate.

Es necesario que trabajes los fragmentos enriquecidos si, por ejemplo, tu contenido está basado en recetas (blog gastronómico), si tienes un ecommerce, donde debes trabajar la ficha de cada uno de los productos, o si quieres estructurar el contenido relevante de una web con información esencial.

Tipos de rich snippets

- Artículos.
- Libros.
- Reseñas.
- Carrusel.
- Cursos.
- Eventos.
- Preguntas frecuentes.
- Recetas.
- Vídeo.

Estos son algunos de los textos o fragmentos enriquecidos que se pueden encontrar al realizar una búsqueda.

¿Cómo puedes incluir fragmentos de texto enriquecidos en tu web (si aplica)?

Para facilitarte la tarea mi recomendación es que lo hagas a través de plugins de terceros como los que te muestro a continuación:

- Rank Math.
- All in One SEO.

Acción 278.– Evalúa tu web: diseño responsive, velocidad, arquitectura

Es necesario una evaluación de tu web a nivel general de rendimiento, arquitectura, experiencia de usuario e impacto en redes sociales.

Evaluar tu web te permite trabajar para optimizar y mejorar el posicionamiento orgánico, además de la experiencia de usuario.

¿Cómo puedes evaluar tu web?

- Sobre diseño responsive
  - ‣ Mobile Friendly Test de Google.
  - ‣ Responsive Testing Tool.

- Sobre la velocidad de tu página
  - ‣ PageSpeed Insights: herramienta de Google, un primer vistazo sobre el rendimiento de tu web.
  - ‣ GTmetrix: te recomiendo iniciar sesión y registrarte (totalmente gratuito) para recibir un informe sobre la evaluación y el rendimiento de tu web.

- Para un análisis más general sobre la web y con diversos aspectos
  - ‣ Seigoo: análisis totalmente gratuito sobre cómo optimizar tu web para SEO.
  - ‣ MetricSpot: podrás realizar una auditoría sobre tu web teniendo en cuenta que el análisis gratuito es «light», pero puede guiarte para realizar mejoras de tu web.

Acción 279.– Revisa enlaces rotos, error 404 y personaliza la página 404

Recomendación esencial y vital: revisa —gracias a los análisis, alertas y avisos de Google Search Console— los enlaces rotos u otros errores que pueden afectar en el rendimiento, la visibilidad, la experiencia de usuario y el posicionamiento.

 Tip.– Personaliza la página 404 ¡Bola extra!

Para una mayor personalización con tu identidad corporativa e imagen de marca te recomiendo la customización de tu página 404, lo cual puede ayudarte a encontrar una oportunidad de «atrapar» al usuario en un momento de frustración.

Un plugin para personalizar la página 404

- **404page.**

Opción para la auditoría de enlaces

- **Ahrefs.com:** gracias a esta herramienta online podrás observar enlaces rotos y errores 404.

Acción 280.— Analiza la web de tu competencia

¿Quieres conocer a tu competencia a nivel web? ¿Quieres saber con qué contenido compites por el posicionamiento orgánico?

Para localizar y analizar a tus competidores te recomiendo la utilización de la herramienta Semrush.

Una vez descubierta y analizada tu competencia, te recomiendo el análisis de sus redes sociales para un estudio completo de la misma.

¿Por qué estudiar a la competencia?

- Detección de las palabras clave con las que compites en el posicionamiento.
- Contenido elaborado para ser relevante y forma de interacción con el target.
- Evolución en redes sociales.
- Conocimiento de sus puntos fuertes y débiles.
- Determinación de contenido de interés.
- Análisis de resultados.

Acción 281.— Comprobar duplicado de tus contenidos en otras páginas con Copyscape

¡Llegó el momento del plagio! ¡Tus contenidos han viajado sin permiso a otras páginas!

Para comprobar el duplicado de tus contenidos en otras páginas te recomiendo la herramienta Copyscape.

¿Por qué revisar tu contenido duplicado en otras páginas?

- Google puede considerar tu contenido menos relevante para el usuario, lo que provoca una menor visibilidad de tus páginas.

¡Protege tu contenido!

Existe la posibilidad de realizar una denuncia por contenido duplicado por la infracción de los derechos de autoría.

Acción 282.– Estudia la relevancia de tu página

Cuando hablo de relevancia me refiero a la popularidad de una web en Google, y ese índice de popularidad puede ser medido a través de la herramienta Page Rank.

Deberás saber que Google tiene en cuenta 172 factores para determinar la relevancia de una página. Algunos de los factores más determinantes:

- Edad del dominio.
- Historial del dominio: qué hubo antes de que tú pudieras adquirir el dominio.
- Velocidad de carga.
- Mobile friendly.
- Rich Snippets: uso de fragmentos de texto enriquecido.
- Contenido, profundidad, estructura del contenido (títulos, descripciones, palabras clave).

Acción 283.– Rastrea tu web para su mejora: Screaming Frog

Mejorar tu web es una tarea continua y obligatoria para ofrecer una experiencia de usuario satisfactoria, además de ser relevante gracias al cumplimiento de los factores indicados por Google para ser más popular e importante que la competencia

¿Por qué emplear Screaming Frog?

- Análisis en profundidad de la web y puntos de mejora frente a la competencia.
- Comprobación del estado de salud de la web.
- Evaluación de la estructura web.

Screaming Frog nos ayudará a entender cómo ve y muestra Google nuestra página, lo que nos permitirá revisar los aspectos que sean susceptibles de mejora para un posicionamiento y visibilidad adecuados frente a la competencia.

 ¡Bola extra!

Podrás emplear Screaming Frog para analizar a tu competencia y descubrir cómo se encuentra su web.

Acción 284.– Cuida el caché de tu web: W3 Total Caché

Recuerda que en nuestros primeros capítulos hablamos de la importancia de la caché para el rendimiento de una web. En esta acción del capítulo 18 te recomiendo que primero compruebes si la optimización y el cuidado de tu caché los proporciona o no tu proveedor de hosting.

¡Cuidado!

Si tu proveedor de hosting te proporciona la capacidad o característica de gestión de caché, puede haber problemas de rendimiento en la web ante la duplicidad de una tarea en el servidor.

¡Vamos adelante!

Si se da el caso de que tu proveedor de hosting no te proporciona la tarea de gestión de caché, podrás instalar un plugin como W3 Total Caché para el cuidado y el mantenimiento de la web; recuerda que es esencial en el rendimiento de la web.

Acción 285.– Auditoría SEO para la mejora: WooRank

La auditoría SEO nos permite detectar puntos de mejora en los elementos clave del contenido de la web, y WooRank es una herramienta que nos permite conocer cuál es el estado SEO del contenido de la web y los puntos de mejora.

¿Qué información nos aporta WooRank?

- Usabilidad.
- Backlinks.
- Redes sociales.
- SEO.

Con esta herramienta podemos descubrir puntos de mejora para optimizar el posicionamiento de la web.

Acción 286.– Conoce tus contenidos más compartidos en redes sociales: SharedCount

¡Conoce más a tu audiencia!

Saber qué contenido es más compartido en redes sociales te ofrece una fotografía completa del contenido más relevante y con más engagement para tu target objetivo.

Analiza con detenimiento el contenido, busca nuevas formas de añadir más valor y formato de contenido y genera lo más relevante para obtener notoriedad, posicionamiento y repercusión.

La herramienta que te ayudará a saber y conocer más sobre tu audiencia: SharedCount.

Acción 287.– Analiza cómo se ve tu web en diferentes dispositivos: Screenfly

En acciones anteriores te hablé de Mobile Friendly Test de Google para comprobar si tu web es responsive, pero para mayor conocimiento y posibilidades de análisis te recomiendo la herramienta Screenfly.

Mi objetivo es que tengas a tu disposición un cajón de herramientas digitales para la mejora continua de tu web, contenido, conocimiento de competencia y target objetivo.

19

SEM

LO PAGADO

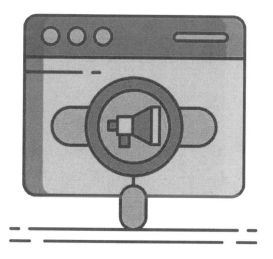

SEM son las siglas de Search Engine Marketing, que se refiere a las técnicas y estrategias utilizadas para promocionar sitios web y mejorar su visibilidad en los resultados de búsqueda de los motores de búsqueda.

El SEM se enfoca en la publicidad en motores de búsqueda, utilizando técnicas como la publicidad en la Red de Búsqueda de Google (anuncios que aparecen en los resultados de búsqueda) y la publicidad en la Red de Display de Google (anuncios gráficos en sitios web de terceros). A través del uso de palabras clave, de la segmentación de audiencia y de la optimización del anuncio, las empresas pueden atraer a usuarios relevantes y potenciales clientes a su sitio web.

Se trata de una herramienta poderosa para las empresas, ya que les permite llegar a una audiencia específica y medir los resultados de su inversión en publicidad. También permite una mayor flexibilidad en cuanto al presupuesto y la capacidad de cambiar y adaptar las campañas publicitarias según las necesidades y objetivos del negocio.

En resumen, el SEM es una estrategia de marketing digital que busca aumentar la visibilidad y el tráfico de un sitio web a través de la publicidad en motores de búsqueda.

ACCIONES
¡Y ACCIÓN!

Acción 288.– Tu cuenta en Google Ads

¡Es la hora de impulsar tu estrategia digital a la estratosfera digital!

Crea tu cuenta en Google Ads para poder llevar a cabo tu estrategia de SEM, que ayude a amplificar tu alcance e impacto en tu audiencia objetivo.

La finalidad principal de crear la cuenta de Ads es conseguir un mayor número de ventas al aparecer tu anuncio en el momento oportuno o ZMOT, como lo denomina Google, para atrapar al cliente potencial en tu embudo de ventas.

¿Qué puedes trabajar con Google Ads?

- Incrementar el tráfico web.
- Recibir llamadas.
- Conseguir visitas a una tienda física u online.

¿Cuál es la utilidad de Google Ads?

Promoción online de productos o servicios en la red de búsqueda de Google, YouTube y otros sitios web.

Has de saber que generar una cuenta en Google Ads es totalmente gratuito. Solo debes registrarte, completar la información de tu empresa y comenzar a generar una estrategia para el lanzamiento de tus campañas.

Acción 289.– Selecciona el objetivo de tu campaña

Una vez has generado tu estrategia de SEM y creado tu perfil en Ads, debes seleccionar el objetivo de tu campaña o campañas.

En Google Ads podrás trabajar hasta 8 objetivos

- Ventas.
- Leads.
- Tráfico web.
- Consideración de producto o marca.
- Conciencia de marca y alcance de marca.
- Promoción de tiendas locales.

Es necesario que establezcas el objetivo con el que trabajarás para la configuración total de la campaña.

Recuerda que es esencial que conozcas en qué situación se encuentra cada segmento de tu audiencia para poder lanzar campañas destinadas a cada una de las etapas en las que el usuario pueda encontrarse, es decir, descubrimiento, consideración y conversión. Trabaja tus objetivos conociendo el estado de cada uno de los segmentos que componen tu audiencia.

Acción 290.– Elige el tipo de campaña

¡Momento de decidir dónde mostrar tu campaña!

Google Ads te ofrece la posibilidad de aparecer en varias ubicaciones: búsqueda, display u otros sitios web, o vídeo.

Tipos de campaña que podrás trabajar para la promoción de tus productos o servicios

- **De búsqueda:** tu campaña aparecerá en los motores de búsqueda y en formato de texto.
- **Display:** tu campaña será mostrada en el encabezado de gmail, resultados de búsqueda y sitios web. El anuncio se mostrará con una imagen.
- **Vídeo:** tu campaña se mostrará en YouTube y será en formato vídeo.
- **Discovery:** tipo de campaña en formato carrusel que aparecerá en zonas como «Qué ver» de YouTube.
- **Aplicaciones:** son anuncios que se generan automáticamente mostrando texto, ficha de aplicaciones, vídeo o imagen. Tu campaña aparecerá en Google Play, YouTube y Discover.
- **Shopping:** tipo de anuncio en formato ficha de producto, aparecerá en la pestaña «Shopping», resultados de búsqueda y bandeja de entrada de Gmail.

- **Locales:** tipo de anuncio de texto e imagen, ubicado en Google Maps, sitios web y YouTube.
- **Máximo rendimiento:** combinación de la totalidad de los tipos de campaña anteriores y que, como su nombre indica, está destinado al máximo rendimiento de las campañas.

La elección de ubicación, tipo de campaña y objetivo dependerá de tu estrategia de SEM para impulsar tu negocio digital.

Acción 291.— Elige las palabras clave con las que decidirás competir para posicionarte

¡Has decidido estar en Ads y generar tu estrategia para la promoción de tus productos o servicios en línea!

Haz un listado de las palabras clave con las que realizar y lanzar tus campañas, analiza el tráfico de tu web, revisa las palabras clave de tus competidores y elige aquellas palabras que contribuirán a un mejor posicionamiento y relevancia de tu campaña.

Acción 292.— Define tu público objetivo

Para la realización de los diferentes tipos de campaña y objetivos deberás estudiar qué segmento de tu público objetivo es el ideal para cada una de las campañas o estrategia de campañas que deseas lanzar.

Segmentar es esencial para obtener el máximo rendimiento de las campañas lanzadas y alcanzar los objetivos planteados tanto a nivel de campaña como general.

Acción 293.— Trabaja el copy de tus campañas

Es esencial que seas minucioso a la hora de trabajar el texto de tus campañas incluso en vídeo, ya que cualquier campaña requiere un copy: una historia capaz de convencer a través de lo escrito o lo audiovisual.

Sé claro y conciso, los primeros 3 segundos de tu vídeo captarán la atención de tu segmento objetivo; el primer resultado y su texto serán lo que impacte en el momento oportuno. No dejes al azar el mensaje a transmitir.

Acción 294.– Página de destino: cuidado que esté óptima para recibir visitas

Cuando trabajes tu página de destino para un objetivo determinado de campaña, debes revisar que la página sea capaz de comunicar y ofrecer lo que realmente ofreces.

La relevancia de tus campañas depende en gran medida de ello, y te permitirá obtener mayor rendimiento, popularidad y éxito frente a tu competencia.

Tu página de destino debe cumplir los parámetros de optimización estudiados en capítulos anteriores, siendo clave contenido relevante, usabilidad y mobile friendly.

Cuida que la página trabajada en las campañas es la adecuada, no hay margen para el error.

Acción 295.– ¡No olvides tu CTA!

Genera un CTA llamativo y capaz de provocar la acción en la audiencia tocada por tu campaña, haz que genere la acción al ofrecer un contenido atractivo, sé claro con la acción también para evitar frustración y confusión.

Para establecer un CTA debes tener en cuenta objetivo, tipo de campaña y página de destino.

Acción 296.– Analiza el rendimiento de tus campañas

¡Analiza y mide!

El control, la gestión y el análisis de la campaña son determinantes para conocer la consecución del objetivo. En toda campaña tu ROI debe ser la clave de la eficacia de la misma.

Antes de la realización de la campaña establece los objetivos a conseguir, marca el ROI —si es la primera vez que realizas una campaña, toma como referencia el ROI estimado de tu sector— y analiza los datos aportados por cada campaña.

Acción 297.– Integra Google Ads con Analytics

Para un mayor conocimiento y análisis en profundidad de tus campañas, te recomiendo la integración de Analytics y Ads para obtener una imagen global y en conjunto del rendimiento de cada campaña.

No analices por separado el rendimiento de las campañas en Ads; realiza una comparación e influencia en tu web, productos o servicios, y analiza e investiga a través de tu histórico de datos cómo han influido los Ads en tu organización.

Acción 298.– Optimiza tus campañas

¡No todas las campañas serán exitosas!

Los datos ofrecidos por Google Ads, donde conocerás el rendimiento de cada campaña, te permitirán mejorar los aspectos que componen un anuncio: texto, imagen, vídeo, CTA e incluso público objetivo.

Analiza ubicaciones y rendimiento de campañas para cada segmento de audiencia, comprueba los objetivos marcados y estudia la mejora de cada uno de los elementos que componen un anuncio.

Acción 299.– Tus campañas al detalle, enriquecidas con información clave

Para obtener una mayor relevancia en tus campañas de texto puedes añadir información clave, como datos de contacto, reseñas, ubicación o enlaces que ayudarán al usuario en su momento de consideración.

Acción 300.– ¡Remarketing!

¡Volvemos a la audiencia objetivo para intentar conquistarla!

El objetivo principal de realizar remarketing es volver a contactar con usuarios que han interactuado con tu página web, producto o servicio.

Para poder realizar remarketing en Google Ads deberás activar la etiqueta en el sitio web.

Para ello te recomiendo la ayuda de un especialista, ya que deberás insertar la etiqueta a través de Google Tag Manager o enviar la etiqueta a un desarrollador para poder incorporarla en tu sitio web.

¡Pide ayuda!

Tipos de remarketing que podrás realizar en Google Ads

- **Estándar:** el anuncio será mostrado a aquellas personas que hayan entrado a tu página web.
- **Dinámico:** se mostrarán anuncios diferentes y personalizados a usuarios en función de con lo que hayan interactuado de nuestra empresa.
- **En aplicaciones móviles:** los anuncios serán mostrados en apps móviles.
- **En búsqueda.**
- **En vídeo.**

¿Por qué realizar remarketing?

- Aumento de las posibilidades de venta en una audiencia que ya conoce y tiene en consideración a la empresa, marca o servicio.
- Mejora del alcance de la campaña.
- Mayor personalización en la creación y lanzamiento de campañas.

Acción 301.– Campañas en YouTube y la audiencia

¡La audiencia y el vídeo!

La capacidad de alcance y visualización en YouTube es mayor que en un anuncio de texto o en otras ubicaciones para el lanzamiento de campaña.

Recomiendo —te recomiendo— la creación de una campaña para YouTube destinada a tu audiencia objetivo para generar un mayor impacto y alcance para la consecución de leads o ventas.

Realizar una campaña en YouTube nos permite ser más creativos, únicos y diferenciarnos a través de lo audiovisual.

Una reflexión para finalizar

Entender SEM es complejo, es un área del marketing digital que requiere de un conocimiento más profundo y detallado que no se puede contener, pero sí mostrar a pinceladas a través de acciones básicas como la creación de una cuenta para Google Ads, determinación de objetivos, tipos de campañas y elementos clave a trabajar para obtener el máximo rendimiento.

Mi objetivo principal en este capítulo es adentrarte y dar los primeros pasos en el mundo de Google Ads y que puedas conocer términos y conceptos necesarios para trabajar con tu equipo en el lanzamiento de campañas.

Para obtener un máximo rendimiento de este tipo de acciones es necesario un conocimiento profundo y minucioso de Analytics, Ads y Tag Manager para saber el porqué de cada dato mostrado en el rendimiento de las campañas.

Hay una opción maravillosa llamada Skillshop de Google, totalmente gratuita, mediante la cual podrás adquirir un conocimiento más profundo sobre Ads.

20

ANALÍTICA

¡MIDE!

La analítica es fundamental en una estrategia de marketing digital, ya que nos proporciona la información para medir el éxito de las acciones realizadas y tomar decisiones basadas en datos concretos. Gracias a ella, las empresas pueden conocer mejor a su audiencia, sus intereses o sus hábitos de consumo, entre otros aspectos importantes para mejorar la toma de decisiones en su estrategia de marketing.

Con la analítica, se pueden conocer las métricas y KPIs que permiten medir el rendimiento de la estrategia digital, como el tráfico web, las conversiones, la tasa de rebote, el tiempo de permanencia en la página, etc. Con esta información, se pueden identificar los puntos fuertes y débiles de la estrategia y tomar decisiones para optimizarla y mejorarla.

Además, la analítica propicia la realización de pruebas A/B y otras técnicas de optimización para mejorar la experiencia del usuario y la tasa de conversión. También se pueden medir los resultados de las campañas publicitarias y evaluar el retorno de inversión (ROI).

En definitiva, su importancia dentro de una estrategia de marketing digital radica en que permite tomar decisiones basadas en datos y mejorar la efectividad de las acciones realizadas, lo que se traduce en un mayor retorno de inversión y éxito en la consecución de los objetivos establecidos.

ACCIONES
¡Y ACCIÓN!

Acción 302.– Crea tu cuenta de Google Analytics

¡Medir, medir y volver a medir!

Para un conocimiento profundo del rendimiento de tu web, de tu audiencia y su comportamiento, y de los datos sobre la influencia de las redes en la web es necesario y vital integrar Analytics en tu estrategia para la medición y el análisis de tu estrategia de comunicación.

Analytics es el elemento que nos hablará de la situación global de la estrategia y puede combinarse con herramientas destinadas a la medición de redes sociales, como Metricool o Hubspot, e incluso con herramientas que nos arrojen información sobre la navegación de los usuarios, como puede ser Hotjar.

¡Ponemos foco!

Debes crear tu cuenta de Analytics y completar la información necesaria para que pueda generarse automáticamente la propiedad —identificación de tu cuenta, que será única—, para poder recoger y analizar los datos de tu web.

Acción 303.– Integra tu cuenta de Analytics en tu web

¡Ya tienes tu cuenta de Analytics creada con su propiedad única para medir tus datos!

Es el momento de que integres la propiedad dentro de tu web, y podrás hacerlo a través de una etiqueta realizada en Wordpress o utilizando un plugin, como Yoast SEO, que te permite añadir la propiedad para comenzar a recoger los datos de tu tráfico web.

Para aclararnos y que puedas entender las vías para integrar tu propiedad de Analytics

- Etiqueta que se insertará en el código web de Wordpress; es preferible poseer conocimientos técnicos para una correcta integración.
- Emplear plugins que permitan añadir la propiedad de Analytics:
  - ‣ Yoast SEO.
  - ‣ Site Kit by Google: con este plugin creado por Google podrás añadir Search Console, AdSense, Analytics, Tag Manager, Optimize y PageSpeed Insights.

Acción 304.– Selecciona tus KPIs

Genera tu dashboard de datos clave a analizar desde «rendimiento de la web» con métricas como tasa de rebote, tiempo medio en la web y visitas únicas.

A nivel de flujo de comportamiento de los usuarios, establece métricas que puedan ayudarte en el conocimiento de la navegación —páginas con mayor impacto, páginas que provocan mayor número de salidas— y compara con datos que te aporten un conocimiento sobre los usuarios, como ubicación, tipo de dispositivo móvil y canales que atraigan tráfico hacia la web.

Generar un dashboard permite tener una imagen sobre la evolución de tu web, pero has de tener claro que cada dato requiere de un estudio y análisis previos.

¿Por qué establecer unos datos clave?

Para estudiar y evaluar las métricas que te hablen de tu comportamiento de una manera directa y que permitan una comparación con el rendimiento del resto de tus canales digitales de comunicación.

Acción 305.– ¡No te quedes en la superficie! Analiza el recorrido de los datos

¡No te quedes nunca en la superficie de un dato!

Te hablo de un ejemplo que puede clarificar esta acción. Imagina que realizas una campaña de Facebook Ads donde, a priori, observamos un incremento del tráfico web proveniente de la citada campaña, por lo que puedes evaluarla como exitosa. Pero en la profundidad del análisis observas que tu tasa de rebote se incrementa, desciende el tiempo promedio de permanencia en la web y los leads descienden; hay un problema en la campaña.

¿Qué problemas podemos detectar?

- La campaña no ha sido dirigida al público correcto, porque podemos observar que la tasa de rebote se incrementa y, si analizamos el flujo de comportamiento, advertimos que las salidas son del 99% en la página de destino de la campaña.
- El tiempo promedio desciende, el mensaje no ha llegado al target al que apuntamos y no han encontrado lo que buscan en nuestra campaña.
- Los leads descienden, no es un target correcto o nuestra página de destino no es adecuada para el target, con lo cual no se produce una interacción correcta.

No debes quedarte con un dato que aparente ser positivo cuando hay síntomas de alarma, como tasa de rebote elevada, tiempo promedio de permanencia bajo o nulo y tasa elevada de nuevos visitantes.

¡Intenta entender los datos!

Acción 306.– Comparación con herramientas de terceros: Metricool

Siempre recomiendo tener dos herramientas para comparar datos, extraer y exprimir al máximo el rendimiento de la comunicación digital y de las estrategias implantadas.

Utilizar herramientas como Metricool nos puede enriquecer el análisis de los canales sociales y ayudarnos a entender el comportamiento de los usuarios y del tráfico que llega a la web.

La comparación nos enriquece el análisis, pero siempre debemos tener una herramienta soporte como Analytics, que debe ser complementada con herramientas específicas para escucha en redes sociales, CRM o de email marketing, para entender la evolución de una marca, empresa o servicio en la esfera digital.

Acción 307.– Conoce más sobre tu tráfico web con Hotjar: analiza y comprende el flujo de navegación

¡Seguimos entendiendo al usuario y comprendiendo cada dato de Analytics!

¿Quieres conocer cómo navega tu usuario? ¿Quieres encontrar el punto exacto donde es vital ese botón para generar una venta?

Para conocer el comportamiento del usuario y el rendimiento de la página web te recomiendo instalar una herramienta como Hotjar, con la que poder analizar comportamiento de navegación, detectar zonas con alto rendimiento, empatizar y conocer al usuario.

Acción 308.– Establece tus objetivos y evalúa tu rendimiento

Para un correcto análisis de cada una de las métricas proporcionadas por Analytics y herramientas de terceros es vital establecer los objetivos a conseguir con las acciones planteadas a nivel web, canales sociales, email marketing y tienda online.

Sin objetivos no se puede dar un contexto a los datos.

Acción 309.– ¡No te olvides de analizar en conjunto web y redes!

Realiza un análisis en conjunto, no estudies los datos por separado. Tu estrategia y rendimiento es un compendio de varias acciones aplicadas en diferentes vías para conseguir un objetivo general: impulsar a la empresa, marca o servicio.

Genera un análisis conjunto, dale sentido a los datos obtenidos observando cada una de las piezas de puzle que componen la estrategia de la marca.

Acción 310.– Genera un dashboard para entender el rendimiento de la estrategia

¡Una recomendación!

Crea en un Excel un dashboard donde contemplar objetivos, análisis web, redes sociales, email marketing, CRM y ventas, donde colocar las métricas clave que permitan obtener una fotografía general que dé contexto al rendimiento de la estrategia.

Este cuadro o dashboard será tu herramienta de trabajo día a día para evaluar cuál es la situación y qué puntos de mejora pueden ayudarte a seguir creciendo en el entorno digital.

21

TU TIENDA
ONLINE

Una tienda online es una plataforma virtual que permite a los vendedores ofrecer sus productos o servicios a los usuarios que navegan por internet. Es una página web diseñada para vender de manera fácil, rápida y accesible las 24 horas del día, los 7 días de la semana, desde cualquier lugar.

Además del catálogo de productos y el carrito de compras, existen otros elementos clave que deben considerarse al crear una tienda en línea. Es importante generar confianza en los visitantes y asegurarse de que no encuentren obstáculos durante su proceso de compra.

ACCIONES

¡Y ACCIÓN!

Acción 311.– ¡Trabajamos con Woocommerce!

Es hora de crear tu tienda online para tus productos o servicios desde Wordpress —recuerda que trabajamos con este CMS (Content Management System)— con Woocommerce.

¿Y qué es Woocommerce?

Es un plugin de Wordpress para la creación de tiendas virtuales (online) de código abierto (open source).

¿Qué tipos de tiendas virtuales puedes generar en Woocommerce?

- Venta de productos físicos a nivel nacional e internacional.
- Venta de productos digitales descargables.
- Venta de productos de afiliados.
- Generación de una página para eventos y venta de entradas para asistir.
- Creación de membresías para cursos, talleres o webinars.

Ventajas de utilizar Woocommerce

- Plugin gratuito descargable desde Wordpress o wordpress.org.
- Es escalable, para la creación desde pequeñas a grandes tiendas online.
- Seguro y compatible con los protocolos de seguridad SSL.
- Posibilidad de incrementar las capacidades gracias a plugins o addons propios de Woocommerce (de pago) para aumentar las características de personalización de la tienda en aspectos como pasarelas de pago o fijación de tramos de envío.
- No es necesario un conocimiento profundo de programación.

- Comunidad activa de soporte técnico y usuarios, donde poder encontrar soluciones o plantear cuestiones para una mejora continua.

¡Hora de trabajar con Woocommerce!

Acción 312.– Para tu conocimiento: otras posibilidades

¡No solo existe Woocommerce!

Es mi deber poner en tu conocimiento la existencia de diversas plataformas para la creación de tiendas online y algunas de ellas son:

- **Shopify:** una plataforma que nació en 2006 y para la que no necesitas conocimientos de programación ni de diseño, su objetivo es que en unos minutos tengas lista y lanzada tu tienda online. Tu preocupación ha de ser cuidar tu tienda online. Es una plataforma de pago.
- **Prestashop:** una de las plataformas más empleadas en el tejido de ecommerce español durante estos últimos anos. Destaca por su capacidad de personalización y por ser gratuita, al igual que Woocommerce.
- **Magento:** excelente comunidad y catálogo de plantillas (temas) para la creación de tu tienda virtual, pero es necesario tener conocimientos de programación.
- **Wix:** alta capacidad para la personalización, adaptada al diseño actual, páginas fluidas y responsive, intuitiva en su uso para la creación de páginas o tiendas virtuales. Lo básico, gratuito, no te permite tener tu propio dominio; para poder trabajar bajo tu marca deberás tener la versión premium.

Acción 313.– Completa la información de tu tienda

Ya has realizado tu instalación de Woocommerce en tu sitio web de Wordpress y vas a comenzar a dar forma a tu tienda online con la información general de la tienda.

¿Qué información deberás aportar?.– Información general

- Dirección de la tienda.
- Ubicación de venta: deberás indicar dónde deseas vender o qué países no están incluidos en tu zona de venta.

- Ubicaciones de envío: en este apartado debes indicar a qué países enviarás tus productos.
- Ubicación del cliente: en esta opción puedes determinar la ubicación del cliente.
- Activar las tasas de impuestos.
- Activar el uso de cupones de descuento.
- Opciones de moneda.

Información general sobre tus productos

En esta categoría sentarás las bases de tu tienda en referencia a tus productos y sus tipologías.

- Primera opción a determinar: ¿cuál es la página indicada para establecer tu tienda? En el menú desplegable deberás elegir la página que será la tienda online.
- Comportamiento de añadir al carrito: en esta opción deberás indicar si deseas redirigir a carrito una vez añades productos, tipología del botón de carrito.
- Medidas: tendrás que establecer las medidas de tu producto.
- Valoraciones y puntuaciones: te recomiendo activar las valoraciones del producto y las puntuaciones, pero ante todo que sean realizadas por usuarios verificados para evitar reseñas o valoraciones falsas.

En esta zona también podrás determinar cómo deseas gestionar tu inventario y la forma de visualización para los usuarios, así como los productos descargables (si aplica, cómo se realiza la descarga y acceso al producto), y en avanzado podrás activar el uso de tablas para la búsqueda de atributos del producto.

Información general sobre impuestos

En este punto deberás seleccionar y ajustar tu preferencia sobre los impuestos:

- Precios con impuestos incluidos: deberás indicar si deseas que se incluyan desde un primer instante.
- Calcular los impuestos basados en la ubicación o dirección del cliente.
- Clases de impuesto por envío.
- Activar opción de redondeo.
- Activar impuestos adicionales.
- Mostrar impuestos en el carrito de manera detallada una vez finalizada la compra.

Acción 314.– Tus zonas de envío y sus tarifas

En este apartado se trabajarán zonas de envío, opciones de envío, clases de envío y tarifas de envío.

Si necesitas una mayor personalización para determinar franjas de envío, tendrás la opción de adquirir un addon de pago de Woocommerce o de emplear un plugin de terceros compatible, como lo es Flexible Shipping, para establecer franjas de precio por valor del carrito.

¡Vamos a definir juntos los apartados a trabajar!

- **Zonas de envío:** determina las zonas de envío de tus productos y los métodos de envío. Debo señalar que en los métodos de envío, si requieres una mayor personalización, como la comentada anteriormente, deberás marcar tus métodos de envío e indicar que lo harás bajo Flexible Shipping.
- **Opciones de envío:** selecciona indicar o calcular los gastos de envío en la página de checkout o de compra.
- **Clases de envío:** determina tarifas por envío, agrupa productos de envío.

Acción 315.– Categorías de producto

Ordena, estructura y hazle la vida fácil a tu cliente o usuario categorizando tus productos. Las categorías de producto te ayudarán a generar filtros que favorezcan la navegación del usuario, además de poder trabajar de una manera adecuada tu web en la incorporación de nuevos productos.

Haz que tu catálogo de productos se encuentre estructurado y tenga sentido con las categorías.

 Tip.– Slug, descripción e imágenes.

Genera una slug —es decir, URL— amigable para los navegadores, establece una descripción y una imagen que definan tu categoría para mostrarlas en la página de la tienda específica de la categoría, permitiendo así una mayor personalización.

Acción 316.– Etiquetas para definir tu producto

Las etiquetas ayudarán a definir de una manera más específica y descriptiva tu producto o productos.

Generar etiquetas aporta una mayor información sobre el producto, favorece el posicionamiento a nivel exterior y de manera interna ayuda en la búsqueda y filtrado de productos por parte del usuario.

Te recomiendo ser muy específico en la generación de etiquetas, evita generalizar y sé explícito.

Acción 317.— Imágenes de tu producto

Trabaja al detalle las imágenes de tus productos; deben ser de primera calidad, experienciales, del mismo tamaño y, si deseas una mayor homogeneidad, realizadas bajo un mismo fondo para centrar únicamente la vista en el producto.

 Tip.— Recomendaciones.

- Primer plano para el producto.
- Muestra la experiencia en la utilización del producto.
- Incluye el vídeo dentro de tu exposición del producto.
- A nivel de rendimiento recuerda optimizar las imágenes en peso y carga. Podrás emplear WP Optimize o Smush.it.

¡No olvides trabajar las descripciones de la imagen de tu producto, la etiqueta alt y el nombre de la fotografía!

Acción 318.— Productos y elementos clave

¡Productos, productos!

Trabaja a conciencia cada uno de los aspectos que componen los productos: título, URL, descripción, categoría y etiquetas.

Cuando realices la subida de un producto no dejes nada al azar, incluido el copy donde detalles qué es, para qué sirve y cómo utilizar el producto para un conocimiento completo del comprador actual o potencial.

 Tip.— Recomendaciones y elementos clave.

- Título corto, claro y conciso sobre el producto.
- Genera una URL amigable.
- Categoría y etiquetas del producto.
- Trabaja atributos, características, formato de presentación.

- Aporta en la descripción detalles únicos y diferenciadores del producto, da más valor añadiendo cómo utilizarlo.

Acción 319.− SEO en tus productos

¡SEO de tus productos para posicionar la tienda!

Una vez seleccionas el tipo de plugin de SEO con el que trabajarás es hora de realizar el SEO en cada uno de los productos físicos o digitales de tu tienda virtual.

Elementos que deberás trabajar a conciencia

- Meta descripción, donde mostrar las palabras clave del producto.
- Keywords esenciales para el posicionamiento del producto.
- Descripción del producto ordenada, estructurada con H1, H2, H3, párrafos cortos, un mínimo de 300 palabras y que contenga las palabras clave que definan el producto.
- Cuida la descripción de la imagen y alt.
- Revisa los fragmentos de texto enriquecido y atributos del producto.

Acción 320.− Iconos en tu tienda online

Utiliza iconos en tu tienda, en cada uno de los productos, que sean perfectamente identificables y rápidos de accionar, como añadir al carrito, lista de deseos y lupa para ver el producto.

Es importante que los iconos de tu tienda sean adaptables a móviles, tablets o cualquier otro dispositivo que permita el acceso a tu tienda virtual.

Acción 321.− Finalizar compra

En el último paso debes generar un proceso de finalización de compra sencillo, con la información justa y necesaria para terminar la compra; no habilites campos innecesarios e irrelevantes para la compra de tu producto o productos.

La facilidad en el checkout evitará el abandono de la compra: sé claro en la información solicitada, especifica tarifas de envíos para evitar sorpresas, formas de pago y si alguna de las formas de pago posee un cargo adicional, y finalmente incorpora un espacio para añadir más información.

 Tip 1.— Prueba de compra.

Antes de lanzar tu tienda comprueba el proceso de finalización de compra, prueba en diferentes dispositivos y realiza una prueba de pago para corroborar el correcto funcionamiento del checkout.

 Tip 2.— Datos de checkout.

La composición de los datos solicitados en el proceso de finalizar compra debe estar adaptada a la tipología del consumidor, es decir, si será diferente si se trata de un B2C o de un B2B, e incluso puedes incluir la opción de solicitar factura.

Acción 322.— Formas de pago

Especifica tus formas de pago tanto en el proceso de finalización de compra como en la página específica de formas de pago y envío.

Debes saber que Woocommerce permite la integración de diferentes pasarelas de pago. La elección dependerá del tipo de acuerdo al que puedas llegar con tu entidad bancaria o de si optas por trabajar con plataformas externas, como Stripe Payments, que cuenta con un plugin donde integrar diferentes formas de pago.

Acción 323.— Información legal

Es obligatorio incluir la información legal de tu tienda online, donde incorpores los siguientes puntos:

- Política de privacidad y cookies.
- Aviso legal.
- Condiciones de compra y/o contratación de servicios.

 Tip 1.— Qué se debe incluir en el aviso legal de una tienda online.

- Términos y condiciones de uso.
- Obligaciones y responsabilidades por parte del usuario.
- Responsabilidades del sitio web.

Tip 2.– Política de privacidad y cookies.

Deberás especificar cómo, para qué y a través de qué herramientas recogerás los datos necesarios para un correcto funcionamiento, seguridad y tratamiento de los mismos.

 Tip 3.– Un plugin para facilitarte la generación de la información legal.

Adapta RGPD es un plugin que puede ayudarte a generar la información legal necesaria para tu tienda online.

Acción 324.– Códigos de descuento

Emplea o activa códigos de descuento para ocasiones especiales o códigos para tus embajadores de marca. De esta forma podrás atraer o convencer a clientes actuales o potenciales.

Para añadir cupones de descuento, como te expliqué en la acción 313, activa la casilla para tener un espacio para el código descuento o código de afiliado y que el cliente pueda incluirlo en el momento de finalizar la compra.

Acción 325.– Información al cliente potencial: FAQ

Genera tu página de preguntas frecuentes en el footer o pie de página, donde puedas mostrar la respuesta a las dudas más usuales de los usuarios o compradores potenciales para ayudarlos a decidir la compra o adquisición de tus productos o servicios.

Las FAQs pueden ser un elemento clave de ayuda para cualquier duda ante el uso de un producto digital o servicio adquirido por un usuario o cliente.

Renueva continuamente las FAQs, añade valor con infografías o esquemas que puedan solucionar problemas mostrando la realización de determinados procesos, estructura y ordena por categorías las FAQs para una correcta navegación.

Acción 326.– La comunicación tras la compra

La comunicación no se frena una vez realizada la compra. Informa a tu cliente o usuario del estado de la misma y añade información, si es necesario, sobre el envío o sobre cualquier actualización en el estado de la compra.

Te recomiendo la utilización del email como medio de comunicación sobre la información del producto o cualquier novedad ante la compra; mantén un hilo de conversación para cuidar al cliente en todo momento.

Acción 327.— Seguimiento del pedido

Facilita el seguimiento del pedido a tu cliente. Para poder ofrecer esta información debes establecer un acuerdo con tu compañía de logística para suministrar información instantánea sobre el estado del envío.

 Tip.— Recomendación sobre el envío.

Es esencial que mantengas un contacto directo con la empresa logística que selecciones para tus envíos, para el conocimiento completo y total de cada uno de los envíos.

Puede suceder que un cliente necesite más información sobre el envío y en ese punto tu intervención para fidelizar puede ser primordial. Para ello, debes estar siempre informado sobre el envío del producto.

Acción 328.— Botones de redes sociales

¡Las redes sociales y la obsesión del share!

No olvides añadir botones de redes sociales para compartir tus productos en tu tienda online. Haz que la experiencia del usuario pueda ser compartida con su círculo más cercano o su comunidad social.

Acción 329.— Herramientas para tu tienda online

En esta acción quiero indicar algunos plugins que pueden ayudarte en la construcción de tu tienda online:

- Yoast SEO para poder realizar el SEO de cada uno de tus productos y detectar cada uno de los puntos clave.
- Woocommerce PDF Invoices para la generación de facturas personalizadas.

- YITH Woocommerce Wishlist para elaborar listas de deseos.
- EU VAT Compliance Assistant para la venta de productos en la Unión Europea.
- Checkout Field Editor para la personalización de los campos al finalizar compra.
- LiveChat para mantener un asistente online para la atención a tu cliente actual o potencial
- WooCommerce Stripe Payment Gateway.
- WooCommerce Membership, si tu negocio online requiere de membresía esta es tu opción.

Acción 330.– ¡No te olvides del análisis!

Analiza el rendimiento de tus productos: tasa de carritos abandonados, productos más relevantes, para poder realizar modificaciones a nivel de disposición, imágenes de producto o incluso acciones que permitan elevar el rendimiento de la web.

Es vital que conozcas de dónde procede el tráfico de tu tienda online, qué elementos son los más compartidos y que trabajes con el feedback de tus clientes para una mejora continua tu tienda online.

22

VENTAS
¡IMPÚLSATE!

Las ventas son el motor de cualquier empresa. Es decir, si una empresa no vende, no genera ingresos y no puede crecer. Por lo tanto, la importancia de las ventas para una empresa es crucial, ya que sin ellas no se puede alcanzar el éxito del negocio.

Sin embargo, no son solo importantes para la supervivencia y el crecimiento de una empresa, sino también para el desarrollo personal y profesional de los vendedores. Estos aprenden habilidades como la persuasión, la negociación, la comunicación efectiva y la gestión del tiempo, que son valiosas no solo en el ámbito laboral, sino también en su vida diaria.

Además, permiten que la empresa mantenga una relación directa con sus clientes. A través de las ventas, una empresa puede entender las necesidades de sus clientes y mejorar sus productos o servicios en consecuencia. Asimismo, puede crear lealtad y fidelidad en sus clientes al ofrecerles una excelente atención y servicios postventa.

También se puede ver la importancia de las ventas en una empresa en la generación de empleo. Una empresa que vende más puede crecer y expandirse, lo que se traduce en la creación de más empleos. Por lo tanto, las ventas pueden contribuir al desarrollo económico de una región o país.

Asimismo, las empresas que venden más y mejor pueden obtener una ventaja competitiva sobre sus competidores, ya sea a través de la reducción de costos o del aumento de la calidad de sus productos o servicios.

Por todo esto que acabamos de explicar, la importancia de las ventas para una empresa es incuestionable. Las ventas son el medio por el cual una empresa genera ingresos, se mantiene en contacto directo con sus clientes, aprende a mejorar sus productos y servicios, crea empleo, compite en el mercado y crece y se expande. Por lo tanto, es fundamental que las empresas inviertan en estrategias de ventas efectivas y en la capacitación y desarrollo de sus vendedores para garantizar el éxito y el crecimiento a largo plazo.

ACCIONES

¡Y ACCIÓN!

Acción 331.– Genera tu estrategia de ventas

Llegamos a varias preguntas que pueden generar diversas dudas: ¿debo generar una estrategia de ventas o comercial en lo digital? ¿Se ha de separar lo digital de lo offline?

Debe existir una estrategia de ventas en tu comunicación digital, tienes que establecer pautas de venta para cada una de las etapas de un usuario hasta conseguir el objetivo final: vender.

La segunda cuestión: no se debe separar lo digital de lo offline porque tiene que haber una sintonía entre ambas formas de comunicación.

 Tip 1.– Cómo generar una estrategia de ventas digital.

- Define el producto y target objetivo para cada tipo de servicio o producto.
- Establece cómo promocionar el producto, canales y mensaje en cada comunicación.
- Realiza un prelanzamiento entre tu equipo, obtén feedback, mejora y lanza al exterior, al público objetivo.
- Genera y articula una estrategia de publicidad.

 Tip 2.– Crea tu «customer journey».

En primer lugar debes saber que un customer journey es conocer cómo se relaciona tu cliente, usuario o cliente potencial con la empresa o marca. El customer journey se compone de 5 fases:

- **Descubrimiento - Awareness:** es la etapa en la que el usuario descubre quién eres a través de redes sociales o contenido del blog.
- **Consideración - Consideration:** fase donde contactas de una

manera directa con el cliente potencial que previamente te descubrió y tu objetivo principal es conseguir convertir.

- **Adquisición - Acquisition:** momento de la compra tras la decisión de que eres la marca seleccionada para cubrir sus necesidades.
- **Servicio - Service:** atención al cliente durante el proceso pre- y postventa. ¡Debes preocuparte por el usuario o cliente en cada uno de los momentos y generar un CRM donde el usuario esté en el centro de cada acción!
- **Fidelidad - Loyalty:** ¡cuida a tu cliente actual! Es más difícil retener que captar a un nuevo cliente, cuida a tus clientes actuales, no los olvides; fidelizarlos es esencial y para ello deberás identificar los mejores puntos de contacto.

Acción 332.– Cuida a tus clientes: comunicación directa

En tu estrategia de ventas digital se debe cuidar al cliente, el usuario debe estar en el centro de toda comunicación, idea, proceso y experiencia con la marca, empresa o servicio.

Si en lo offline cuidas a tu cliente, en lo digital debes reforzar una comunicación directa y esmerada para fidelizar desde el primer instante de contacto con la marca.

Establece un patrón de comunicación pre- y postventa, genera un documento de preguntas frecuentes, coloca de manera clara cómo contactar contigo e indica canales, horarios y tiempos de respuesta.

Para cuidar la comunicación e imagen de marca te recomiendo generar un plan de crisis ante cualquier incidencia que pudiese ocurrir frente a comentarios negativos, spam u otras consecuencias, y que pudiesen afectar negativamente en la percepción e imagen de marca.

Acción 333.– Plataformas de CRM para impulsar las ventas

Te recomiendo usar este tipo de herramientas para el control de cada uno de los leads, estado del lead, formas de contacto preferidas por el usuario, control de incidencias y personal destinado a atender consultas online.

Con estas herramientas podrás tener bajo control y analizar la totalidad de leads y clientes actuales para mejorar el proceso de ventas, desde el principio el final. Debes trabajar con total minuciosidad cada uno de los contactos, usuarios o leads que formen parte de tu base de datos y, es más, es obligatorio conocer el estado de cada uno de los contactos para establecer pautas de ventas personalizadas.

Acción 334.– Ventas a través del contenido

Piensa en el contenido como un elemento de atracción, captación y conversión en venta. El contenido puede ayudarte en el proceso de venta, puede ser la palanca para atraer a tu audiencia objetivo.

Cuando generas contenido y planteas el tipo de formato —como pueden ser la exposición de un caso de éxito, un post, un ebook, un taller o una demo— puedes integrarlo a la etapa de atracción, consideración y conversión de los usuarios, es decir, generar contenido específico para cada etapa con el objetivo final de vender.

Acción 335.– Embajadores de marca, clientes actuales y valoraciones

La figura del embajador de marca puede ayudar a expandir tu marca y a trabajar en clientes potenciales a través de la comunidad de los embajadores para amplificar la voz de la marca, el tradicionalmente denominado boca-oreja, pero ahora en el sentido más puramente digital.

Para establecer la figura del embajador de marca deberás estudiar objetivos, tipo de embajadores de marca, valores del embajador de marca y beneficio embajador-cliente, además de establecer unas pautas de comunicación de productos de la marca que no influyan negativamente en la percepción de la misma.

¡Crea una tribu en torno a tu marca!

¡No te olvides de las valoraciones! Comparte valoraciones y testimonios que formen parte del proceso de venta. Esto aporta credibilidad, confianza y seguridad al adquirir un producto o servicio de tu marca.

Las valoraciones influyen en el proceso de decisión; trabaja en obtener testimonios y reseñas que avalen tu marca.

23

COMUNICAR

HAY VARIAS VÍAS

ACCIONES
¡Y ACCIÓN!

Acción 336.– El mundo podcast

¿Quién no ha escuchado un podcast?

¿Cuántas plataformas puedes indicarme? iVoox, Podimo, Podium Podcast, Mumbler, Spotify... Y un fin común en cada una de ellas: conectar con el usuario en cualquier momento del día.

Estudia, analiza e investiga los hábitos de consumo de tus seguidores, establece con tu comunidad la incorporación de nuevos formatos de contenido y evalúa si es idóneo la incorporación del podcast dentro de tu estrategia de comunicación.

 Tip 1.– Recomendaciones sobre la realización de podcasts.

- Analiza la influencia de tu sector en el mundo del podcast.
- Estudia sobre qué temática puedes realizar el podcast.
- Ten en cuenta encuestas y feedback de tu audiencia y seguidores más fieles.
- Permanece flexible ante una forma de comunicación cada vez más influyente con un crecimiento en España de un 30% anualmente según fuentes de Deloitte.

 Tip 2.– Qué necesitas para realizar podcasts.

- Objetivos y estrategia.
- Planificación de contenido.
- Material y equipamiento técnico.
- Herramientas de producción y grabación.
- Análisis y aprendizaje.

Acción 337.– Newsletters y comunidades

La inspiración y el aprendizaje continuo a través de newsletters tematizadas y con un fuerte arraigo en comunidades micronicho para generar leads.

Las newsletters han dado un giro hacia la creación de comunidades sobre temas muy concretos, como pueden ser emprendimiento, startups, educación financiera, ecommerce o no code.

¿Por qué puedes contemplar la creación de una newsletter con una temática específica?

- Generar notoriedad, posicionamiento y prestigio en el sector o área de actividad que te haga obtener una posición como experto.
- Estudiar y analizar la aplicación de acciones de venta dirigidas al micronicho.
- Elevar el porcentaje de leads.
- Aumentar el tráfico hacia la web.
- Fidelizar a la comunidad.

Acción 338.– Pinterest: la inspiración

¡La plataforma de la inspiración!

No podía finalizar este libro sin hablar de Pinterest y de su capacidad de inspirar para realizar contenido, estudiar nuevas formas de comunicar o llamar la atención a través de una imagen con un pequeño copy, pero con unas etiquetas y categorías poderosas para captar y atraer.

Mi recomendación es que emplees Pinterest como tu lugar de inspiración para la creación de nuevo contenido.

Pero no solo has de observar a tu posible competencia, sino a toda una plataforma que puede hacerte ver capacidades de presentación de productos, formato de contenido o presentación de información compleja a través del poder de lo visual.

Acción 339.– BeReal: lo real e instantáneo

En 2020 nació BeReal para mostrar lo real, lo instantáneo; sin filtros, buscando la improvisación, lo natural y cercano.

El funcionamiento de BeReal solo permite realizar una publicación al día, rompiendo la saturación de otras redes sociales junto con una capacidad de captar lo auténtico.

Con esta acción quiero darte una señal para que tengas en tu radar el comportamiento, evolución y avance de BeReal y cómo afecta a las generaciones nativamente digitales.

Acción 340.– Conquistando a través de la música

El marketing debe conquistar todos y cada uno de los sentidos para hacer una marca única e inolvidable.

Estudia la posibilidad de incorporar la música como parte de tu branding de marca para hacerte reconocible; puedes aplicarlo en el inicio de tus streamings, podcasts o contenido audiovisual.

¡Y las plataformas!

Piensa en la idoneidad, dependiendo de tu actividad, de la incorporación de tu marca a plataformas como Spotify (también con capacidad para alojar podcasts), de la creación de marcas para conquistar a tus seguidores.

Pero recuerda todo ha de estar amparado en unos objetivos y una estrategia que den respaldo a las acciones para el crecimiento de la marca en aspectos cualitativos y cuantitativos.

Despedida

El marketing digital es un mundo en constante evolución, que nos obliga a estar siempre aprendiendo y en continua adaptación. La tecnología avanza a pasos agigantados y debemos estar preparados para aprovechar todas las oportunidades que nos ofrece.

En este libro he querido mostrarte que el marketing digital es mucho más que publicar en redes sociales o enviar correos masivos. Se trata de una estrategia integral que debe ser planeada y ejecutada con precisión para obtener los mejores resultados.

Hemos explorado las herramientas y técnicas más importantes en cada fase.

Pero, sobre todo, hemos entendido que el marketing digital es una herramienta poderosa para conectar con nuestro público, conocerlo mejor y ofrecerle una experiencia de compra única y personalizada. No se trata solo de vender productos o servicios, sino de crear una relación duradera con nuestros clientes y generar valor para ellos.

Espero que este libro te haya brindado una base sólida para desarrollar tu propia estrategia de marketing digital y te haya inspirado para seguir explorando este fascinante mundo. Recuerda siempre estar actualizado, innovar constantemente y escuchar a tu audiencia para ofrecerle lo mejor. ¡Mucho éxito en tu camino hacia la conquista digital!

Printed in Poland
by Amazon Fulfillment
Poland Sp. z o.o., Wrocław

36721088R00184